und Verstand. Lade Gott in dein Herz ein und folge dann deinem Herzen. Du wirst es nicht bereuen. Vielleicht kannst du eines Tages Majas Worte bestätigen, da wir alle einmal vor dem himmlischen Papa stehen werden und er uns dann vielleicht nur zwei Dinge fragen wird: „Liebst du mich?“ und: „Wen hast du mitgebracht?“

Mut wird aus Liebe geboren. Ich wünsche dir, mit dieser Liebe verschwenderisch umzugehen.

Jesus bat uns, die „Gute Nachricht“ mit der Welt zu teilen. Es war eine „geh!“-Bitte. Dieser Bitte sind wir mit unserer „MutMacherKiste, die zweite“ gefolgt.
Er hat uns versprochen, bei uns zu sein bis an das Ende der Welt.

Ich danke allen von ganzem Herzen, die zu diesem Buch beigetragen haben. Ganz besonderen Dank an Rainer, denn er hat es großartig umgesetzt. Danke unserem Verleger Manfred, der uns mit so viel Vertrauen arbeiten lässt. Danke Maja, du bist ein Geschenk für diese Welt; ich habe dir versprochen, deine Botschaft mit der Welt zu teilen. Mit Gottes Hilfe werde ich das tun. Danke an die wunderbaren Autoren. Danke Jesus, du bist der Beste, du bist die Liebe in Person. Du hast uns zuerst geliebt!

Liebe Leserin, lieber Leser, gestatte es dir beim Lesen zu lachen und zu weinen. Habe den Mut, diese Botschaft, diese Liebe zu vielen Menschen zu bringen. Diese Welt braucht Liebe mehr denn je.
Diese Kiste ist aus Liebe entstanden.
Liebe ist unser Motor. Gott ist Liebe.

Herzlichst Euer Michael

Wenn du selbst etwas mit Gott erlebt hast, das du gerne mit anderen teilen möchtest, schreib uns doch bitte. Vielleicht findet es ja in einer zukünftigen MutMacherKiste Verwendung.
info@MutMacherKiste.de

geh!

In „geh!“ steht Mutmachendes, Spannendes, Erleichterndes, Aufbauendes, Herausforderndes ..., das dich in Bewegung bringt.
Freu dich drauf!

mehr

„Mehr“ sind passende und ergänzende Bibelstellen. Lies sie in einer neueren Übersetzung, z. B. der Basisbibel. Lass Gottes Wort zu dir reden!

Inhalt

Love

Ahaweg

Zentrum

Boss

ENDE

Viele Liebesbriefe

Traurig und mit Entsetzen blickte ich auf Peters Unterarme. Er hat sich wieder wehgetan. Mit einem spitzen Lineal zerkratzte er sich seine Haut, bis sie an manchen Stellen blutete. Was ist nur geschehen? In der Schule haben sie ihn wieder einmal entwürdigt und gedemütigt. Tausend Dinge kamen zusammen, die zu diesen Wunden geführt haben. Seine Eltern sind wunderbare Menschen, die selbst auch schon jede Menge durchgemacht haben. Nicht nur der plötzliche Kindstod eines ihrer Kinder, sondern auch noch weitere Schicksalsschläge setzten der kleinen Familie schwer zu.

Wie ein Hoffnungsschimmer erhielt Peter dann die Einladung zu einem christlichen Jugendcamp. Doch woher die Teilnahmegebühr aufbringen? Für uns war es klar, die 90 Euro würden kein Problem sein, da wir die Familie unterstützen wollten. Es war mir aber irgendwie ein Herzensanliegen, das Geld nicht einfach nur zu spenden, sondern etwas Besonderes daraus zu machen.

Eines Nachts konnte ich kaum schlafen. Gedanken rasten in meinem Kopf umher und ich spürte, dass Gott mir etwas sagen wollte. Also hörte ich in mein Herz hinein und hatte den Eindruck, dass ich bei Facebook einen Aufruf für Peter starten sollte. 90 Euro zu geben ist toll. Aber wenn 90 Menschen je einen Euro in Verbindung mit einer Karte oder einem Brief an die Familie schicken würden, wäre das etwas ganz Besonderes. Ja, Gott wollte etwas Außergewöhnliches für unseren 13-jährigen Peter tun, etwas Liebevolles. Müde, aber sehr euphorisch setzte ich mich an den PC und bat Gott um die richtigen Worte. Es müssen wohl die richtigen Zeilen gewesen sein, denn was dann passierte, war einfach unbeschreiblich. Über 150 Briefe kamen in den nächsten Tagen bei uns an, dazu wurde fünfmal so viel Geld, wie wir erhofft hatten, gespendet. Mit den Briefen, dem Geld, der guten Nachricht und dem Evangelium Jesu Christi im Gepäck machte ich mich auf den Weg zu der kleinen Familie. Alle Worte, die ich jetzt formuliere, können die Liebe und Dankbarkeit nicht beschreiben, die die Familie daraufhin zeigte.

Hier ist ein besonderer Brief an dich:

Peter versank in einem Meer von Briefen und wir lagen uns weinend und betend in den Armen. Der allmächtige Gott, der Vater, der Papa, der Schöpfer des Großen und des Kleinen, der das Alpha und das Omega ist, der Gott der Liebe – er selbst gab sich die Ehre, denn Jesus sagte: „Wo zwei oder drei in meinem Namen versammelt sind, da bin ich mitten unter ihnen." Er war da, er war wirklich da.

Unfassbare Liebesbriefe erreichten die Familie. Viele Stunden waren sie beschäftigt, alle Briefe zu lesen. Alle drei bekamen so viel Wertschätzung wie kaum zuvor in ihrem Leben. Gedichte, Gebete, Grüße, Segenswünsche – all dies drang tief in ihre Herzen. Manche hatten außerdem Halsketten oder Zeichnungen beigelegt ... Vater und Sohn schmückten sich voller Liebe gegenseitig damit. Mit dem Geld konnten wir noch vier andere Kinder in das Camp schicken. Auch sie erhielten Liebe und Wertschätzung.

Die Wunden, die man Peter zufügte und die er sich selbst beibrachte, beginnen zu heilen. Liebe ist das Mittel gegen alle Ungerechtigkeit und alles Leid. Gott ist die Liebe, und wer in dieser Liebe bleibt, der bleibt in Gott und Gott in ihm.

Ich habe auf Gottes Drängen gehört und es gewagt, etwas Verrücktes zu tun. Es ist unbeschreiblich, was daraus geworden ist und was selbst heute noch dadurch entsteht. Peter, seine Eltern und auch die anderen Kinder wissen nun viel mehr, wie wertvoll und geliebt sie sind.

Michael Stahl, Fachlehrer für Selbstverteidigung, Gewaltpräventionsberater, www.protactics-stahl.de

geh!

Es tut so gut, beschenkt zu werden. Sei du heute ein Beschenker.

- Male auf deinen Handrücken zur Erinnerung ein Herz und sage den Menschen, denen du begegnest, etwas Ermutigendes.

mehr

- Sprüche 15,23 gilt nicht nur für den Mann.

Immer auf und ab

Bergauf und wieder hinab, über Geröll, Gras oder Felsen, bei Sonnenschein, Wind und Regen. Kreuz und quer durch die Wälder von Kanada, den Regenwald von Malaysia oder das brasilianische Hinterland. Der Mountainbike-Sport, mein Beruf und meine Leidenschaft, ist vielseitig, genauso wie Gottes Größe!

2012 wurden in Kirchzarten zum ersten Mal die deutschen Meisterschaften im MTB-Sprint ausgetragen. Eine neue, spannende Disziplin mit einem Qualifikationslauf und mehreren Ausscheidungsläufen, wodurch dann ein Finale ermittelt wird. Durch meine Erfolge im Weltcup war ich der klare Favorit, und das spürte ich. Egal, ob im Training die Woche davor, bei Interviewterminen oder wenn ich nur daran dachte. Mein Herzschlag war dauerhaft erhöht und im Finale ging er ins Unendliche. Zwei Minuten vor dem Start setzte ich mich auf das Oberrohr meines Bikes, schloss die Augen und betete. Danach waren die Nervosität, die Angst und alle

Zweifel wie weggefegt. Im Nachhinein war das Finale gefühlt der einfachste Lauf. Von Beginn an hatte ich die Gegner unter Kontrolle und hatte auf der Zielgeraden die meiste Kraft. Eine Freundin schickte mir tags darauf einen passenden Bibelvers: „Ich vermag alles durch den, der mich stark macht, Christus" (Philipper 4,13).

Etappenrennen sind eine weitere Disziplin, die wir im Team bevorzugt als Vorbereitung auf eine lange Saison nutzen, meist im Süden, mit einer guten Organisation. Der Rennspeed ist dann noch nicht so enorm hoch. In diesem Frühjahr hatten wir uns für die Portugal-Tour entschieden. Sechs Etappen mit zusammen 450 km und 10.000 Höhenmetern. Ein Etappensieg zu Beginn und keine Defekte – alles lief nach Plan.

Dann die vierte Etappe. Wieder in der Spitzengruppe vertreten, bogen wir in eine schnelle Abfahrt ein. Technisch nicht besonders anspruchsvoll, allerdings mit großen Steinbrocken und längslaufenden Wasserrinnen versehen, welche den Downhill zunehmend gefährlicher machten. Plötzlich erwischte ich einen dieser rucksackgroßen Steine. Ich verlor die Kontrolle und fädelte mit meinem Lenker in einen Maschendrahtzaun ein. Bei mindestens 50 km/h stoppte mein Bike und ich schlug ungebremst auf dem felsigen Boden auf. In dem kurzen Moment des Fallens wurde mir sofort klar, dass mich dieser Sturz nicht wieder aufstehen lassen würde. Weder konnte ich mich abfangen, noch hatte ich, außer Handschuhen und Helm, schützende Protektoren getragen. Die Frage war eigentlich nur „wo" und „wie viele" Knochenbrüche ich mir einhandeln würde.

Allerdings kam alles anders. Die komplette Spitzengruppe stoppte das Rennen und kümmerte sich um mich. Ich konnte jedoch alleine aufstehen und spürte nur heftige Prellungen und Schürfwunden. Es war unglaublich für mich und ich bin nach wie vor super dankbar dafür. Das Rennen musste ich zwar vorzeitig beenden, jedoch setzte ich zwei Tage später mein Training wieder fort.

Im Nachhinein weiß ich, dass Gott mir einen seiner Engel gesandt und dieser eine riesige Weichbodenmatte zwischen mich und den Boden geworfen hatte. „Denn er hat seinen Engeln befohlen, dass sie dich behüten auf allen deinen Wegen, dass sie dich auf den Händen tragen und du deinen Fuß nicht an einen Stein stoßest" (Psalm 91,11-12).

Nach meinem deutschen Meistertitel folgte ein sehr erfolgreiches Jahr. Für das Weltcup-Podium hatte ich schon fast ein Abo gebucht. Ein Sieg blieb mir jedoch immer verwehrt. Im Spätjahr folgte dann das Weltcup-Finale in Norwegen. Meine Form stimmte, die Motivation war riesig und das Team arbeitete super zusammen. In der Qualifikation, die normalerweise nicht zu meinen Stärken zählte, wurde ich Zweiter. „Alles klar, heute muss der Sieg her!" Doch im Rennen ist wieder alles anders. Man spürt den fast unüberwindbaren Schmerz, sieht die Stärken der Gegner und fängt an zu zweifeln. Trotzdem stand ich wieder im Finale. Ich machte mich wie üblich auf dem Rollentrainer warm und ging im Kopf die Strecke durch, als plötzlich Anthony, mein Mechaniker, vor mir stand und sagte: „Simon, heute ist dein Tag. Am dritten Berg ist keiner so schnell wie du. Egal, was davor passiert, da hängst du sie alle ab!"

Das Finale war auf Grund seiner Streckenlänge sehr taktisch und zu Beginn reihte ich mich auf dem letzten Platz ein. Am ersten Berg versuchte ich dann nach vorne zu fahren. Doch mehr als die zweite Position war nicht möglich und zur Spitze war schon eine Lücke gerissen. Mit diesem Rückstand ging es dann in den dritten und letzten Anstieg. Schon um die Kurve war ich wieder am Hinterrad des Führenden und, als würde der Argentinier stehen bleiben, sprintete ich an ihm vorbei und holte meinem Team und mir den ersten Weltcup-Sieg. Danke „Tony" für den Mutmacher!

Simon Gegenheimer, Mountainbikeprofi, 2x Deutscher Meister und 2x Weltcup-Sieger, WM-Bronzemedaille 2015, Sieger Mixed Brasilride 2015, www.rosevaujany.com

- Wer ist dein MutMacher?
- Wem sollst du heute Mut zusprechen?

- Hier ist ein perfekter Mutmacher am Werk: Josua 1,9

Endlich nahm ich seine Hand ...

Ich liebe meinen Beruf und sehe meine Aufgabe als Rednerin und Beraterin von Menschen als Berufung an. Seit vielen Jahren spürte ich eine tiefe Sehnsucht in mir, die ich nicht erklären und nicht beschreiben konnte. Diese Sehnsucht bezog sich auf nichts „Menschliches“. Ich war „auf der Suche“ und wusste doch nicht wonach. Bis ich eines Tages Micha auf Facebook entdeckte. Er hatte ein Interview gegeben und sprach darin von Gott, unserem „Papa“.

Sofort rief ich Micha an und besuchte ihn einige Tage später in Bopfingen. Es war nicht viel, was Micha sagte. Es waren nur ein paar Sätze, die in mir eine komplette Wandlung freisetzten. Plötzlich spürte ich, wonach ich mich immer gesehnt hatte: Es war die Liebe Gottes! Plötzlich fühlte ich mich sicher und geborgen! Ich durfte vertrauen! Hier war ein „Papa“, der mich bedingungslos annahm, so wie ich war! Ich musste mich nicht verstellen, Leistungen erbringen, um Anerkennung betteln. Gott nahm mich in seine Arme und tiefe Liebe und Sicherheit durchströmten mich. Plötzlich hatte ich meinen Platz gefunden und seit diesem Tag war mir klar: Gott möchte uns so gerne an die Hand nehmen und uns beschützen.

Reiche auch deine Hand und lasse Gott in dein Herz und in dein Leben!

Simone Langendörfer, Rednerin, Burn-out-Expertin, Mentalcoach
www.simone-langendoerfer.de

geh!

- Schreibe Gott ein paar Zeilen über die Sehnsucht in deinem Leben, die ungestillt ist.

mehr

- Römer 8,14-16: So ist dein himmlischer „Papa“.

Nichts ist unmöglich

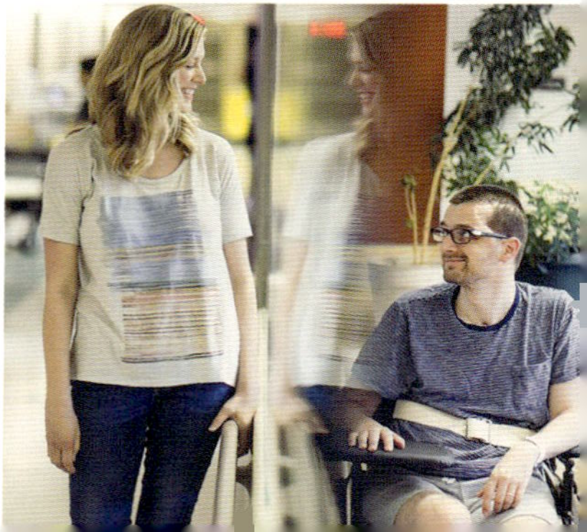

Der Anruf kam am Montag vor Ostern, so gegen 16 Uhr. Am anderen Ende war die Frau meines besten Freundes: „Die Ärzte haben soeben gesagt, dass bei meinem Mann der Hirntod festgestellt wurde. Wir werden ihn noch an den Maschinen angeschlossen lassen, um seine Körperfunktionen zu erhalten. Wenn du dich von ihm verabschieden möchtest, solltest du noch in dieser Woche vorbeikommen. Wir wissen nicht, wie lange er noch durchhält."

Kurzer Rückblick: Einige Tage zuvor erlitt mein Freund eine schwere Hirnblutung aufgrund eines geplatzten Aneurysmas im Kopf. 34 Jahre alt, zwei kleine Kinder, bis dahin keinerlei Anzeichen einer Krankheit und dann das: Not-OP in der Neurochirurgie, ein Kampf um Leben und Tod, Hoffnung und Verzweiflung und am Ende einfach nur Leere und die große Frage: Warum er? Warum so früh?

Ich kenne meinen Freund schon seit über einem Jahrzehnt. Wir haben Erfolge miteinander gefeiert, miteinander gelacht, geweint, gestritten, verziehen.
Ein Freund fürs Leben, auch nach 2013, als er mit seiner Frau nach Amerika zog.

Am Morgen des besagten Anrufs schlug ich meine Bibel auf und stieß auf eine Stelle in dem Buch „Sprüche". Dort heißt es in Kapitel 17, Vers 17: „Ein Freund liebt allezeit, als Bruder in der Not ist er geboren." Als ich das las, wusste ich sofort, dass ich so schnell wie möglich nach Amerika reisen musste – egal, was es kosten würde. So saß ich am Karfreitag im Flieger nach Columbus/Ohio.

Die folgenden zwei Tage bis Ostersonntag verbrachte ich viel auf der Intensivstation und mit der Familie meines Freundes. Einen sehr bewegenden Moment erlebte ich am Ostersonntagmorgen als wir zu zehnt um das Bett standen und miteinander Lieder sangen, die davon handelten, dass Gott der Chef über Leben und Tod ist und wir ihm die Ehre gegeben haben. Am Nachmittag kam ein Oberarzt zu uns und meinte, dass aus ärztlicher Sicht die Maschinen nun abgestellt werden könnten.

Am Ostermontag kam der Chefarzt noch einmal ans Bett meines Freundes und forderte ihn auf, seinen Daumen zu heben – eine rein routinemäßige Aufforderung, da mit keinerlei Reaktionen zu rechnen war. Doch der Arzt wäre fast in Ohnmacht gefallen, als sich plötzlich der Daumen meines Freundes streckte.

Heute, vier Monate später, ist mein Freund wieder zu Hause, kann selbstständig essen, mit Unterstützung gehen und beginnt seine Sprache wieder zu erlernen.

Dieses Erlebnis hat mich nachhaltig geprägt. Es hat mir gezeigt, dass noch heute Wunder existieren und dass Gottes Möglichkeiten meine bei weitem übersteigen. Werden deswegen alle Dinge so enden? Wahrscheinlich nicht – aber ich möchte mich danach ausstrecken und mehr davon erleben.

Matthias Karcher, Lehrer, www.vineyard-berlin.de

geh!

- Für wen würdest du alles stehen und liegen lassen?
- Überbringe heute ein Zeichen der Wertschätzung.

mehr

- Eine ganz besondere Freundschaft steht in 1. Samuel 18

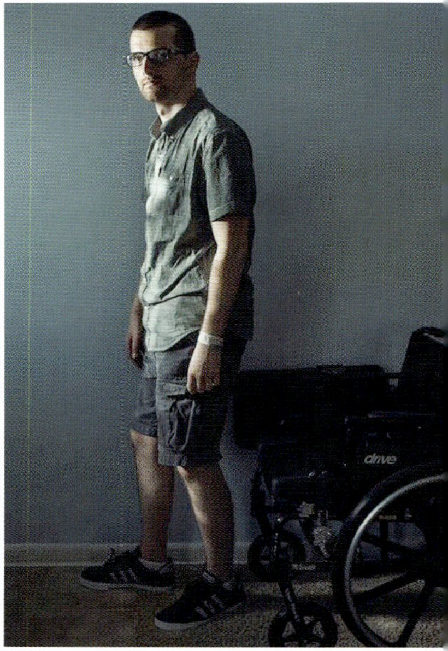

Üüüüüüüberraschuuuuuung!

Als Mitarbeiter auf der wunderschönen Insel Korsika, strahlende Sonne, blauer Himmel mit kleinen Wölkchen, weit über 20 Grad und kurz vor 8 Uhr, es klingelte in unserer Wohnung Sturm. Wer konnte das so früh sein? Es war einer der jungen Mitarbeiter, der wild gestikulierend meinte, wir müssten sofort nach unten kommen, es sei etwas schief gelaufen. Au Backe! Was sollte das? Schnell mit unseren zwei Jungs noch alles klären und dann ab – und so ein Stress am 25. Hochzeitstag!

Unten begrüßten uns mit einem Grinsen schon zwei weitere Mitarbeiter, die mir die Aufgabe stellten, für Heike ein Liebesgedicht zu verfassen. Da war alles klar! Diese Schelme! Nach dem spontanen Reimen wurden wir zur nächsten Station geschickt, an der wir gemeinsam ein Liebeslied singen sollten. „Marmor, Stein und Eisen bricht" klang sicher auch schon mal besser als aus unserem Frühmorgens-und-noch-nichts-getrunken-Mund, aber nach dem Okay beschrieb die junge Frau uns den Weg zur dritten Stelle.

Nachdem der 25-Sekunden-Kuss gut geklappt hatte, sollten wir uns zum Strand begeben – der ja so nah war. Dieser war noch fast leer und schon aus einiger Entfernung hörten wir ein leises Liebeslied, untermalt vom Meeresrauschen und entdeckten ein riesiges in Sand gemaltes Herz mit „H+R". Darin lag eine Decke, ein kleiner, weißer Hocker, Sekt, Orangensaft, Schokolade, Baguette und und und ... Besonders der leckere, selbstgebackene Apfelkuchen mit Sahneherz (eine Leistung in den kleinen Backöfen der Ferienwohnungen) und die köstlichen Früchte – wunderschön hergerichtet – haben uns begeistert und gemundet. Der spezielle Service war der frisch gemachte Cappuccino. Ein Frühstück zum Schlemmen, zum in Vergangenem Schwelgen und einfach nur zum Genießen des genialen Panoramas. Zum nächsten Mitarbeiterpflichttermin brauchten wir nicht zu kommen – geschenkte Zeit!

Diese Liebe, die die jungen Mitarbeiter auf diese Art und Weise ausgedrückt hatten, inmitten ihres eigenen vollen Arbeitstages uns so zu überraschen, hat mich sehr

berührt. Ihre Begeisterung, ihre Freude und ihre Selbstlosigkeit haben uns als Paar überreich beschenkt.

Das ist für mich Liebe pur, die Liebe, von der in der Bibel steht: „Wenn wir uns untereinander lieben, so bleibt Gott in uns und seine Liebe ist in uns vollkommen" (1. Jchannes 4,12). Was dieser, unser Trauspruch ausdrücken möcht, habe ich in einer Gemeinschaft in dieser Tiefe erst auf Korsika erleben dürfen.
Darüber bin ich soooo dankbar.

Rainer Zilly, Grafik-Designer, www.Kreativ-Agentur-Zilly.de

geh!

▶ Wie oft ist es im Leben die Summe der ganz normalen Dinge, die ein außergewöhnliches und einzigartiges Erlebnis schenken. Wer wird dir jetzt gerade wichtig und wie kannst du ihn beschenken?

▶ Allein oder besser als Team? Sei mutig!

mehr

▶ Ganz viel Interessantes über die Liebe steht in 1. Johannes 4,7-21

Unser schönstes Weihnachten!

Es war an einem Samstag, 24. Dezember, als meine Frau und ich unterwegs waren, um noch letzte Besorgungen für das Fest zu machen. Wir fuhren gerade in Passau die Straße entlang, da rief meine Frau: „Das ist ja Marianne!"
Ich fragte daraufhin, wer Marianne sei. Bis dahin hatte ich noch nie von ihr gehört. Meine Frau entgegnete: „Sie ist eine frühere Freundin meiner Mutter, die ich von meiner Kindheit her kenne. Halt doch bitte mal an!" Wir hielten, hatten ein nettes Gespräch mit ihr und fuhren Marianne (damals etwa um die 50 Jahre alt) anschließend nach Hause.

Zu diesem Zeitpunkt ging es Marianne gerade sehr schlecht in ihrem Leben. Sie war kurz zuvor in eine kleine Ein-Zimmer-Wohnung umgezogen, hatte fast keine Ausstattung, kaum Geld und war zu allem Überfluss auch noch ohne Arbeit. Ihre drei Kinder hatten schon seit längerem keinen Kontakt mehr zu ihr gehabt.

Von ganzem Herzen wollten wir ihr helfen und fragten, was sie alles benötigte. So besorgten wir noch schnell Geschenke für Marianne, fuhren mit ihr am selben

Auch etwas anders: Als das Christkind verschwand

Abend zum Gottesdienst und luden sie zum Essen zu uns nach Hause ein. Sie freute sich sehr darüber, wenn es ihr auch schwerfiel, alles anzunehmen. Wir konnten gute und aufbauende Gespräche mit ihr führen und ihr von unserem Glauben erzählen, welchen sie damals schon fast verloren hatte.

Als wir dann bei Kerzenschein zusammen mit ihr und unserem damals einjährigen Sohn unter dem Weihnachtsbaum saßen, Lieder sangen und beteten, war dies für uns alle der schönste und ergreifendste Moment, den man sich vorstellen kann! Meine Frau und ich waren sehr glücklich und fühlten uns unendlich dankbar, auch wenn es zunächst ungewohnt war, diesen Abend mit einem „fremden" Menschen zu verbringen. Doch waren wir uns beide einig: Das war unser schönstes Weihnachten, und ich denke, Marianne ging es auch so!

Die darauffolgenden Tage halfen wir ihr noch, ihre Wohnung hübsch herzurichten, kauften ein paar Dinge für sie, die sie benötigte und hatten eine gute gemeinsame Zeit miteinander. Marianne war so dankbar und gewann wieder Lebensmut.

Seither sind schon einige Jahre vergangen und wir haben uns wieder aus den Augen verloren. Dennoch denken wir gerne mit tiefer Dankbarkeit an diese Zeit und an Marianne zurück und hoffen, dass es ihr gut geht und wir sie bald wiedersehen werden. Die wichtigste Erkenntnis für uns daraus ist aber, dass „Geben seliger als Nehmen ist" und darin ein unvorstellbarer Segen für alle liegt!

Dr. Klaus Hettmer, Facharzt für Psychosomatische Medizin und Psychotherapie, www.dr-klaus-hettmer.de

geh!

- Wem würde heute eine Begegnung mit dir gut tun?
- Wer gehört zu den Einsamen in deiner Umgebung?

Mach dich auf den Weg und du wirst auch beschenkt!

mehr

- Wir sind zur Hilfe aufgerufen. Schau nach in Jesaja 58,7

Der Lebensmanager

Jedes Jahr im Herbst veranstalteten wir in unserer Gärtnerei ein Zwiebelkuchen- und Kürbisfest. Dies kurbelt nach den Sommerferien unseren Verkauf immer so richtig wieder an.

Ein halbes Jahr zuvor wurden meine Frau und ich von unserer Gemeinde gefragt, ob wir die Alpha-Glaubensgrundkurse betreuen könnten, die im Herbst stattfinden sollten. Wir wogen ab und dachten, dass wir die 5 bis 8 Kurse, die vielleicht stattfinden würden, neben unserer Gärtnerei und dem Herbstfest betreuen könnten und sagten zu.

Eine Alphawelle brach los, über 50 Kurse kamen zustande. Bis zu 30 Mails mussten täglich beantwortet, Schulungen und Besprechungen organisiert werden. Das Telefon lief heiß. Wir merkten bald, dass wir nicht beides im Herbst schultern konnten und verzichteten – nach vielem Für und Wider – auf das für uns so wichtige Zwiebelkuchen- und Kürbisfest, um uns ganz auf die Alpha-Kurse konzentrieren zu können.

Völlig unerwartet rief uns in der Septemberwoche, in der ursprünglich das Kürbisfest geplant war, ein Großhändler vom Großmarkt an und fragte, wie viele Tonnen Kürbis wir dieses Jahr anzubieten hätten. „Circa 60 Tonnen", war meine Antwort. „Ok, ich kaufe alle!", lautete sein Angebot.

Nachdem er mir ein überwältigendes, in unserer Branche nicht für möglich gehaltenes Preisangebot gemacht hatte, konnten wir nicht anders, als fröhlich einzulenken.

„Trachtet aber zuerst nach dem Reich Gottes und nach seiner Gerechtigkeit! Und dies alles wird euch hinzugefügt werden" (Matthäus 6,33).

Dieses Bibelwort wurde für uns als Ehepaar Realität und zu unserem Leitvers in unserem Leben.

Der allmächtige Gott beschenkte uns nicht nur in diesem Herbst – weitere solch krasser Erlebnisse durften wir erleben. Wenn wir uns um die Sachen des Herrn kümmern, dann managt er unser Leben.

Andreas Munder, Gärtner

Lege deine Sorgen nieder:

- Bist du bereit, deine Sicherheiten für Gott aufzugeben?

Schreibe deine konkreten Sorgen auf, bring sie vor Gott, zerknülle das Papier und wirf es fort. Gott nimmt sich deiner Sorgen an, lass du sie jetzt los!
Gott managt und beschenkt!

- Ein Tipp gegen Sorgen: 1. Petrus 5,7.

Im Kleinen treu

Ich bin Jana, siebzehn Jahre jung und ich könnte euch jetzt davon erzählen, wie Gott mich von Krebs geheilt, durch alle Schwierigkeiten hindurch zu einem starken Charakter gemacht und mir in enormen Dimensionen immer wieder seine Herrlichkeit demonstriert hat, aber das will und werde ich nicht. Mein Gott ist dazu fähig, Berge zu versetzen, Meere zu teilen, Menschen zu heilen – und das glaube ich, ja davon bin ich überzeugt. Das muss er mir nicht beweisen.

Ich will von einer Begebenheit berichten, die im Vergleich zu meiner Lebensgeschichte vielleicht bedeutungslos erscheinen mag.

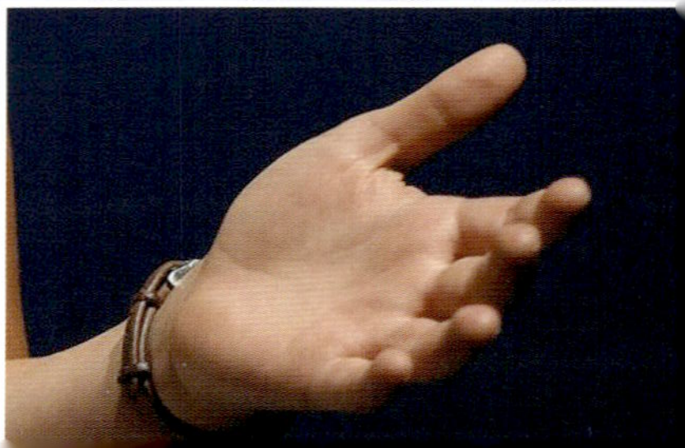

Eines Abends fuhr ich mit einer Freundin zu einem mehr oder weniger weit entfernten Hauskreistreffen. Zuvor hatte ich Schule gehabt, war Sport machen und folglich schon den ganzen Tag unterwegs gewesen. Der Hauskreis war unglaublich gesegnet, angereichert mit tiefgründigen Gesprächen und echt ermutigend. Wir lasen im Matthäus-Evangelium: Jesus fragt hier seine Jünger immer wieder, warum sie denn so kleingläubig seien und seine Kraft anzweifelten und kein Vertrauen hätten. Wir konnten Gottes Anwesenheit so stark spüren, dass wir uns kaum aufraffen wollten, wieder nach Hause zu fahren.

Um 3 Uhr Nachts fuhren wir schließlich los. Im Auto sitzend, suchte ich meinen Haustürschlüssel und stellte fest: Bei all dem, was ich für den Tag hatte packen müssen, hatte ich ihn schlichtweg vergessen. Ich war völlig aufgeschmissen: Wenn ich jetzt noch klingeln würde, dann wären meine Eltern, die in wenigen Stunden zur Arbeit aufstehen mussten, gewiss nicht erfreut. Ich wurde leicht panisch, begann zu beten. Irgendwas in mir glaubte daran, dass ich in unser Haus kommen würde – auch wenn das tendenziell recht unrealistisch erschien. Einerseits war mir die Unwahrscheinlichkeit klar, andererseits wollte ich nicht so ganz einsehen, dass ich gleich vor einer verschlossenen Tür stehen würde. Wir fuhren weiter.

Da es bereits stockdunkel war, bat ich meine Freundin, in unsere Einfahrt reinzufahren. Die Scheinwerfer beleuchteten die ersten Meter des Bodens – und dann die Tür. Unsere Tür stand offen! Ungläubig ging ich hinein, sah mich um. Alles war dunkel, alles schlief. Ich weckte meinen Bruder, um durch das Haus zu gucken – nichts, absolut niemand war da. Da wurde mir etwas bewusst: Ich, ich kleines ungläubiges Wesen, das da denkt, es würde sicherlich über das Wasser laufen, wenn Jesus mich rufen würde, habe daran gezweifelt, dass mein Gott, der die Himmel und die Erde mitsamt ihren Bewohnern erschaffen hat, der jedes einzelne seiner Kinder bis auf die kleinste Faser kennt, dass dieser Gott nicht in der Lage sei, mir eine Haustür zu öffnen.

Und da stand ich nun, demütig und erstaunt, ja fasziniert davon, dass Gott mir treu war, ist und bleibt – auch im Kleinen, denn mein Gott ist groß.

Jana Highholder, Künstlerin, Poetry Slam, www.facebook.com/janahighholder

geh!

- Was berührt Gottes Herz?
- Zeichne ein Herz und fülle es mit dem, was Gottes Herz berührt.

mehr

- So ist der wunderbare Gott: Psalm 145,15-21

Der Tag, der alles veränderte

An einem Dienstagabend holte mich mein Kumpel mit seinem VW Passat bei mir zu Hause ab, um – wie ausgemacht – gemeinsam mit mir zu McDonalds zu fahren. Ohne Vorwarnung bog er plötzlich von der Straße ab und fuhr rechts in einen Feldweg hinein. Immer weiter ging es den Weg zum Goldberg hinauf – verbotenerweise natürlich, denn die Strecke befand sich in einem Naturschutzgebiet.
Oben angekommen schaltete mein Kumpel den Motor ab. Da saßen wir nun bei Totenstille im Auto, um uns herum komplette Dunkelheit und das leichte Kribbeln im Bauch, gerade wieder etwas Verbotenes getan zu haben.

Meine ganze Schulzeit über war ich von meinen Mitschülern gemobbt, gehänselt und geschlagen worden. Erst als ich nach meinem Hauptschulabschluss einen Beruf erlernte, kamen bei mir die angestauten Aggressionen der letzten Jahre durch.
Ich begann zu rebellieren, wandte mich immer mehr vom Glauben ab, betete nicht mehr und empfand alles, was in der Bibel steht, als sinnlosen Quatsch. Schnell merkte ich aber, dass ich mit dieser rebellischen Art Freunde fand – Freunde, die ich nie zuvor hatte!

Nach einiger Zeit bat ich meinen Kumpel, weiterzufahren und den Berg wieder zu verlassen. Er startete den Motor, ließ aber die Scheinwerfer aus und fuhr los. Plötzlich gab er Vollgas, driftete und fuhr immer näher einer tiefen Schlucht entgegen. Jetzt ging alles rasend schnell. Ich hörte, wie Metall an unserer Stoßstange kratzte und erschrak: Das konnte nur der Metallzaun gewesen sein, der um den Berg herum als Absicherung gebaut wurde, schoss es mir durch den Kopf! Ich bekam Panik! Das Auto kam kurz zum Stehen, bis es dann im freien Fall den Abhang hinunterstürzte und nach einem Überschlag 25 m weiter unten landete.

Ich weiß nicht mehr wie, aber irgendwie sind wir aus dem Autowrack herausgekommen. Mein Kumpel konnte sogar per Handy seine Freundin verständigen, die daraufhin sofort meinen Vater alarmierte. Gemeinsam setzten sich die beiden ins Auto und fuhren in Richtung Goldberg, um nach uns zu suchen.

Es dauerte über eine Stunde, bis wir von den beiden gefunden wurden. Irgendwie schafften wir es dann noch, mit deren Hilfe bis zum Auto meines Vaters zu kommen. Ohne zu zögern fuhr mein Vater direkt in das nächstgelegene Krankenhaus nach Nördlingen. Noch in der Notaufnahme wurde ich ins künstliche Koma gelegt und anschließend mit dem Hubschrauber in die Uniklinik Ulm geflogen. Ich hatte viel Blut verloren. Mein Kopf war total zertrümmert (doppelseitiger Kiefer-, Joch-, Felsenbein- und Nasenbeinbruch), die Wirbelsäule und mein linkes Handgelenk gebrochen. Zwei Monate konnte ich mein rechtes Augenlid nicht öffnen – auf dem linken Auge bin ich bis heute blind.

Am nächsten Tag kam meine Familie zu mir ins Krankenhaus, um mich zu besuchen. Ich bekam davon allerdings nichts mit, da ich zu diesem Zeitpunkt immer noch im Koma lag. Meine Mutter muss meinen Bruder gebeten haben, ein Foto mit dem Handy von mir zu machen.

Und genau das war die Schlüsselszene meines unglaublichen Erlebnisses. In dem Moment als mein Bruder das Foto machte, versuchte ich die Augen zu öffnen, drehte den Kopf zu meiner am Bett sitzenden, betenden Mutter und versuchte sie anzusprechen. Doch keiner gab mir Antwort. Plötzlich spürte ich eine große Hand,

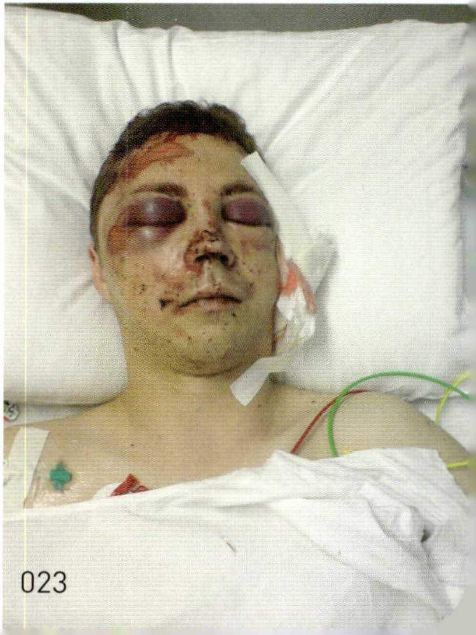

die mich behutsam aus meinem eigenen Körper zog und mich sanft auf sie bettete. Alle meine Schmerzen waren auf einmal verschwunden, alle meine Ängste und Sorgen hatten sich in nichts aufgelöst und ein Gefühl inniger Liebe durchdrang mich. Langsam schwebte ich Richtung Krankenzimmerdecke. Vorsichtig wurde ich umgedreht und da sah ich sie – meine eigene Familie, die um mein Krankenbett herumstand. Doch wer lag in dem Bett? War das etwa ich? Ich betrachtete den dort liegenden Menschen genauer. Das Gesicht war durch die ganzen Schwellungen kaum wiederzuerkennen. Von meinen vielen Muttermalen war nichts mehr zu sehen. Langsam wanderte mein Blick an den Armen entlang. Und da kam mir die Gewissheit, das bin ja tatsächlich ich! Ich muss tot sein! Doch seltsamerweise löste diese Erkenntnis keinerlei Angst in mir aus. Ich machte mir nur Sorgen um meine Familie, die ich zurückgelassen hatte und denen ich nicht mitteilen konnte, wohin ich gegangen war bzw. noch hingehen würde. Langsam schwebte ich über das Krankenhaus. Doch es war nicht das Krankenhaus, in das mein Vater mich gebracht hatte. Irritiert schwebte ich weiter, immer weiter dem Himmel entgegen. Kurz bekam ich doch Angst, aus dieser großen Höhe herunterzufallen. Doch meine Angst war schnell wieder verflogen.

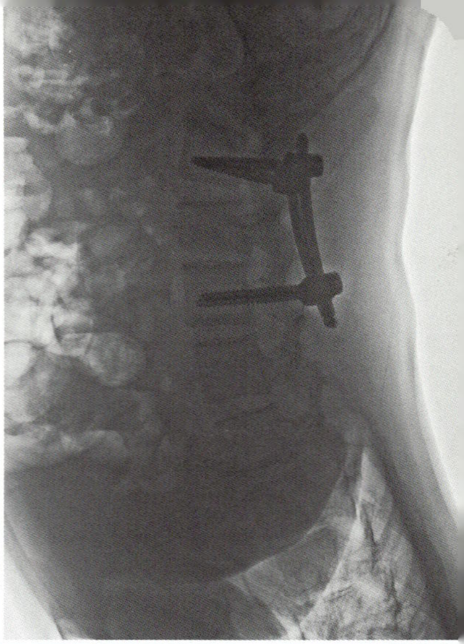

Plötzlich hatte ich wieder Boden unter den Füßen. Ich stand, nur mit einem Krankenhaushemd bekleidet, auf einer Straße und konnte trotzdem nach unten schauen. Wieder konnte ich mich selbst sehen, wie ich im Krankenhausbett lag. Unmittelbar vor mir war ein großes, goldenes Tor, neben dem rechts und links zwei große Apfelbäume mit roten Äpfeln standen. Nach einiger Zeit öffnete sich das Tor und heraus traten zwei schickgekleidete Menschen: eine Frau und ein Mann. Vorsichtig schaute ich der Frau in die Augen. Diese fing auf einmal an zu lächeln. Moment mal, dieses Lächeln kannte ich doch! „Oma, Opa, seid ihr das?" Mit einem herzlichen Lachen bejahten meine Großeltern die Frage. Seltsam war nur, dass mein Opa jetzt größer war als ich und beide so jung und erholt aussahen. „Johannes, was machst du denn hier? Es ist noch nicht an der Zeit, uns hier oben zu treffen. Du musst zurück zu deiner Familie." Doch ich wollte nicht zurück, wollte keine Schmerzen mehr ertragen müssen. Ich bat meine Großeltern, mich

mit durch das Tor zu nehmen. Doch meine Oma erklärte mir, dass meine Zeit noch nicht gekommen sei und ich noch einen langen Weg vor mir haben würde. Außerdem dürfe ich jetzt nicht zulassen, dass meine Familie an den Folgen meines Unfalls zerbreche. Mein Opa bat mich noch, meiner Familie beizubringen, dass materielle Dinge nicht das Wichtigste im Leben seien. Ich solle meinen Vater zum Glauben führen und ihm somit die Angst vor dem Tod nehmen. Eine letzte Frage beschäftigte mich dann aber doch noch. Werde ich je wieder laufen und sehen können? Meine Oma aber beruhigte mich und sagte, dass ich laufend das Krankenhaus verlassen und Weihnachten wieder sehend feiern könne. Und genauso ist es wirklich eingetreten!

Mittlerweile kann ich über die Unfallfolgen mit einem Lächeln hinwegsehen. Durch mein Schicksal durfte ich die Liebe Gottes neu erfahren. Gott hat mich nicht fallen lassen, sondern wieder auf den richtigen Weg geführt und meinen Glauben an das ewige Leben neu entfacht.

Den letzten Willen meiner Oma befolgend, erzähle ich meine Geschichte den Menschen weiter. Ich möchte allen Mut machen.

Johannes K.

geh!

- Wo wirst du deine Ewigkeit verbringen?
- Notiere dir die Gründe!

mehr

- Sehr Interessantes steht in Römer 8,38-39

Wunderbare Geldvermehrung

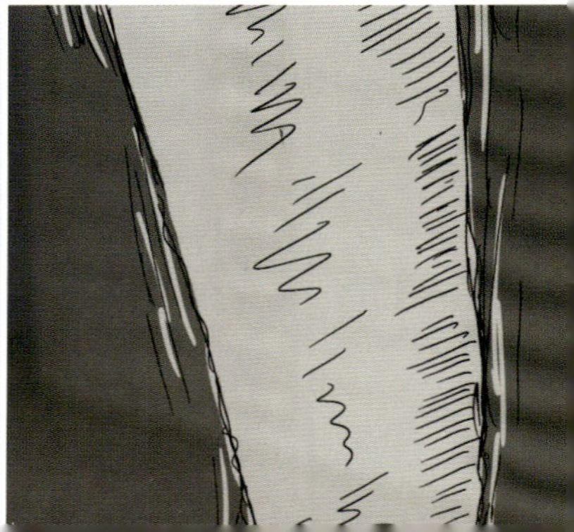

Eine Zeit lang hatte ich aufgrund unglücklicher Umstände einige Geldsorgen. Ich kam mit meinem Lohn kaum über die Runden und hatte an jedem Ende des Monats einige Tage, in denen ich nur noch das Nötigste zum Leben kaufen konnte.

In dieser Zeit spendete ich einen kleinen Teil meines Einkommens an die Gemeinde, und wie es der „Zufall“ so wollte, predigte unsere Pastorin genau in diesem besonders schweren Monat darüber, den zehnten Teil seines Geldes an Gott zu geben. Ich war zu dieser Zeit verrückt danach, die Aussagen von Gott in der Bibel auf die Probe zu stellen. Ich wollte wissen, ob Gott Wort hält. In Maleachi 3, Vers 10 sagt Gott zu seinem Volk genau zum Thema „Zehnter Teil“: „Habt keine Sorge, dass ihr dann selber in Not kommt! Stellt mich auf die Probe“, sagt der Herr, der Herrscher der Welt, „macht den Versuch, ob ich dann nicht die Fenster des Himmels öffne und euch mit Segen überschütte!“ Eine krasse Aussage! Das Geld, das ich übrig hatte, war ein klein wenig mehr als der zehnte Teil meines Einkommens. Nachdem ich das Geld an die Gemeinde gespendet hatte, waren noch genau 10 Euro in meinem Geldbeutel. Immer wieder musste ich über mein Handeln nachdenken: „Was du hier getan hast, ist aus wirtschaftlicher Sicht verrückt. Wovon wirst du in den nächsten Tagen dein Essen kaufen? Es sind noch fünf Tage bis zum Eingang deines nächsten Gehalts auf deinem Konto.“ Nach einiger Zeit des Grübelns und des Nachdenkens über meine unsinnige Tat kam ich zu dem Schluss, dass ich in den kommenden fünf Tagen verhungern werde.

Noch am selben Abend gingen wir mit der Kleingruppe zum Italiener essen. Ich hatte niemandem davon erzählt, was ich getan hatte. Ich dachte mir aber, wenn ich schon eh nur noch 10 Euro zur Verfügung habe, dann gebe ich die eben für mein Lieblingsessen aus. Was soll's! Jeder von uns bekam sein Essen. Jeder, außer mir. Als die Teller der anderen leerer wurden, mein Essen immer noch nicht in Sicht war und mein Magen so laut knurrte, dass es wohl bis zur Küche zu hören war, dachte ich: „Die haben mich vergessen! Mein Essen kommt nicht mehr. Geht das Verhungern also jetzt schon los!“ Ein paar Momente später kam die Kellnerin mit meinem Essen. Sie entschuldigte sich und sagte: „Das tut uns sehr leid. Sie zahlen dafür natürlich nichts!“ Mein gesamtes Essen war kostenlos! Gottes Humor ist klasse!

Das wahre Wunder passierte aber einige Tage danach, als mein Chef mich in sein Büro rief. Das war zunächst nichts Besonderes, da wir eng zusammenarbeiten und uns oft in kurzen Meetings abstimmen. Dieses Mal war es anders. Er gab mir außerplanmäßig und ohne vorherige Ankündigung eine Gehaltserhöhung. Das bedeutete, dass ich von nun an 400 Euro netto mehr verdiene. Meine Geldsorgen gehörten der Vergangenheit an. Wow! Unser Gott ist einfach großartig. Setzen wir unser Vertrauen in ihn, werden wir wahre Wunder erleben.

Albert Schmidt, Leiter einer Vertriebsagentur, www.albertschmidt.de

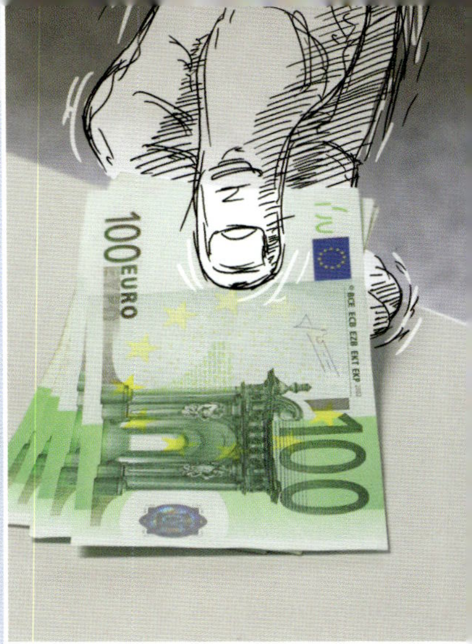

geh!

Angenommen, Gott handelt auch in deinem Leben so.

- Was würdest du heute anders machen?

Hab Mut und tu es!

mehr

- Hier ist ein Prinzip Gottes: 2. Korinther 9,6-7

Berlin im Regen

Ich erinnere mich an einen Sonntag vor einigen Wochen. Ich hatte mich auf diesen Tag gefreut, denn ich wollte zu einem Trödelmarkt in Berlin Mitte. Er findet selten statt, ist bisher aber immer einen Besuch wert gewesen! Doch an diesem Sonntag regnete es .... wie ärgerlich. Die Wettervorhersage versprach allerdings Besserung. Also machte ich mich nach einigem Zögern doch noch auf den Weg. Von mir daheim etwa eine halbe Stunde mit S-Bahn und U-Bahn. Doch je näher ich dem Ziel kam, umso scheußlicher wurde das Wetter. Regen über Regen! Mega-frustrierend!

Auf dem Platz wo der Trödelmarkt stattfand und normalerweise Sonntag vormittags der Bär tobt, waren nur weniger Stände, verdeckt unter Planen mit bedröppelten Verkäufern zu sehen.

Normalerweise braucht man einige Stunden, um alle Stände abzuklappern und sich umzuschauen; diesmal war ich in 15 Minuten durch – natürlich ohne einen erbeuteten „Schatz" im Gepäck ... dafür aber völlig durchnässt. Meine Stimmung war mies!

Auf dem Rückweg ging ich durch die Fußgängertunnel unter der Siegessäule. Ich ärgerte mich im Stillen, dass ich überhaupt losgezogen war, denn auf die Wettervorhersage war anscheinend null Verlass! Im Fußgängertunnel standen wartende, nasse, frustrierte Menschen. Warteten auf den Bus oder dass es irgendwann aufhören würde zu regnen, oder auf was auch immer. Die Themen, die ich im vorbeigehen aufschnappte, waren das Scheißwetter, der kaputte Schirm und pöbelnde Busfahrer. Ja, alles nicht sehr stimmungssteigernd und irgendwie auch verständlich.
Meine Stimmung war schließlich auch im Keller und die Aussichten waren feucht ... feuchter Keller = noch doofer!

Mitten in diese feucht-unfröhliche Depristimmung hinein kamen auf einmal drei Kubaner (2 Männer, 1 Frau). Sie packten ihre Trommeln aus, drückten jedem 'nen folienverpackten Songtext in die Hand und und fingen an zu singen:
„I'm singing in the rain" ... Keine zwei Minuten später sang und tanzte der halbe Tunnel – begeisterte und sich freuende Leute! Wie genial!

Diese drei Menschen hatten es geschafft, all die trostlosen Gesichter innerhalb kürzester Zeit aufzumuntern. Sie hatten es geschafft, meine Stimmung von „total mies" auf „total glücklich" zu katapultieren. Ich war plötzlich froh und dankbar, in einem so freien, sicheren Land zu leben. Mich begeisterte die Vielfalt der Menschen, die da zusammenkam; alte, junge, hell- und dunkelhäutige Menschen ... standen zusammen und hatten Spaß. Das war ein schönes, unvergessliches Erlebnis!

Es regnete übrigens noch den ganzen Tag, doch ich schaute nicht mehr deprimiert in die Pfützen nach unten, sondern den Regentropfen entgegen zum Himmel und sang innerlich „I'm singing in the rain" ... den ganzen Tag!

Mandy, Bloggerin, www.gekreuzsiegt.de

Da kommt Freude auf:

geh!

▶ Werde heute zum Freude-Schenker!

Teile Freude aus und du kannst dich mitfreuen.

Geteilte Freude, doppelte Freude!

mehr

▶ Wiederholungen betonen die Wichtigkeit – doppelte Freude: Philipper 4,4

Auf den Hund gekommen

Unsere Tochter Hannah-Joy (8) wünschte sich nichts sehnlicher als einen Hund. Als es die Umstände schließlich zuließen, klapperten wir alle Tierheime unserer Umgebung ab, um uns auf die Suche nach einem liebevollen, pflegeleichten und familienfreundlichen Hund zu machen und fanden Cin.

Aufgrund eines Fehlers im Bewerbungsverfahren war plötzlich eine andere Frau Erstinteressent und unsere Chance, Cin zu bekommen, leider sehr gering.

geh!

- Wen hast du schon vorverurteilt?
- Welchen Unterschied macht es, ihn mit Gottes Augen zu sehen?

Dies war für uns alle ein großer Schock. Die Zeit des Wartens war für uns vor allem eine Zeit der Prüfung. Doch wir legten die Entscheidung in Gottes Hand und glaubten, dass er für uns den passenden Hund hat. Sei es Cin oder ein anderer. Es kam wie es kommen sollte: Cin wurde der Frau zugesprochen. Auch wenn wir an Gott festhielten war es eine große Enttäuschung für uns alle!

Nach diesem Ereignis hatte ich erst mal keine Lust mehr, nach Hunden zu suchen! Trotzdem saß ich jeden Abend vor dem Rechner und suchte weiter! Meine Frau Ruth wurde durch einen Autoaufkleber auf einen privaten Tierschutzverein aufmerksam. Die Suche war nicht einfach, denn oft waren die Hunde für Kleinkinder eher ungeeignet. So verging die Zeit. Einen Tag, nachdem meine Frau gemeinsam mit einer Mitarbeiterin unserer Gemeinde Gott um Mithilfe gebeten hatte, durchforstete ich nochmals die Internetseite. Da fiel mir wieder ein Hund auf, den wir schon einmal gesehen hatten und eigentlich toll fanden. Aber sein Alter (6 Monate) und die Tatsache, dass er mit nur drei Pfoten auf die Welt gekommen war, ließ uns zweifeln. Da sprach Gott mir mitten ins Herz: „Auch wenn dieser Hund äußerlich nicht der Norm entspricht, so ist er dennoch perfekt vom Wesen, weil ich ihn perfekt gemacht habe." Was für eine Zusage! Mein Herz wurde weich und warm und ich sah nicht mehr einen Hund, mit dem man Mitleid haben sollte, sondern einen, der eine Chance auf ein tolles Leben hat. Am Abend konfrontierte ich Ruth mit dem Hund. Bedenkenlos teilte sie meinen Eindruck! So was kann echt nur Gott! So bekamen wir die endgültige Zusage – welch ein Glück und Segen für unsere Familie!

„Ich bin froh, dass die anderen Hunde zu den anderen Familien gekommen sind. Ich bete, dass sie eine tolle Familie haben", sagte Hannah-Joy glücklich. Mit ihren Worten segnete sie die anderen und dankte damit Gott, dass er uns mit dem für uns tollsten Hund der Welt beschenkt hatte. Den Namen haben wir geändert, statt Limpy (bedeutet humpelnd, schlaff) heißt sie jetzt Nanni (die Anmutige und die Begnadete oder Gnade). Und die dürfen wir täglich aufs Neue erfahren.

Ylber Azizaj, Mediengestalter

▶ Es ist gut zu wissen, was Gott wichtig ist: 1. Samuel 16,7

Mal etwas Lustiges!

Michael Stahl machte mich mit Alexander Dimitrenko bekannt. Alexander ist Profiboxer im Schwergewicht. Er hat früh den Vater verloren und kam im Laufe seines Lebens auf die schiefe Bahn. Er hat sich aber nach oben gekämpft. Er ist zu Boden gegangen und ist trotzdem wieder aufgestanden, um es neu anzugehen. Gott hat ihm geholfen. Er war ein Kämpfer und ist jetzt wieder einer: ein Kämpfer für Gott!

Michael hatte die Idee, dass ich für Alexander eine „Walk-In Hymne" schreiben sollte. Das ist das Lied, das beim Betreten des Boxers in die Arena gespielt wird. Also haben Alexander und ich telefoniert. Ich wollte wissen, was ihn antreibt, was ihn motiviert. Ich wollte sein Lied schreiben, nicht nur ein irgendwie passendes Lied. Aber es wurde auch mein Lied. Das Lied heißt „Kämpfernatur".

Die Vorbereitungen liefen an, dann verletzte sich Alexander. Achillessehnenriss beim Basketball. Für einen Schwergewichtsboxer eine ernsthafte Verletzung, die schnell auch das endgültige Aus bedeuten kann. Alexanders Rückkehr in den Ring war plötzlich gar nicht mehr so sicher. Also wurde es ein Glaubensprojekt. Wir glaubten an Alexanders Willen zu kämpfen und an Gottes Hilfe. Wir machten weiter mit dem Lied.

Freunde von der HipHop Crew „Capo di Capi" aus Augsburg bastelten ein unglaublich genial passendes Instrumental zu meinem Lied. Bei einem Auftritt in Leipzig lernte ich den Kameramann und Produzenten Björn Kowalewsky kennen, dessen Arbeit mich so sehr begeisterte, dass ich ihn bat, das Musikvideo dazu zu erstellen. Bei allen diesen Begegnungen hatte ich das Gefühl, dass es keine Zufälle sind. Das Lied wurde fertig und Alexander begann wieder mit dem Training.

Bis zum ersten Kampf dauerte es noch ein paar Monate. Ein Aufbaukampf in Hamburg gegen einen Journeyman, den Alexander schneller beendete als ich morgens vom Bett bis zur Kaffeemaschine brauche. Der zweite Kampf war in Magdeburg. Ich habe den Livestream im Internet gesehen. Ich hatte eine richtige Gänsehaut, als ich Alexander zu unserem Lied in die Arena kommen sah. Und ich war begeistert zu sehen, wie er den Kampf in Runde 2 mit K.O. beendete.

Aber ich glaube, da kommt noch mehr. Auch Michael und Alexander glauben das. Es gibt keine Sicherheiten, aber das leise Reden Gottes und die Hoffnung, dass wir vielen Menschen von der Liebe Gottes erzählen und ihnen Mut machen dürfen. Vielleicht auch dir.

Philip Obrigewitsch, Jugendreferent, Musiker, www.elefantenhiphop.de

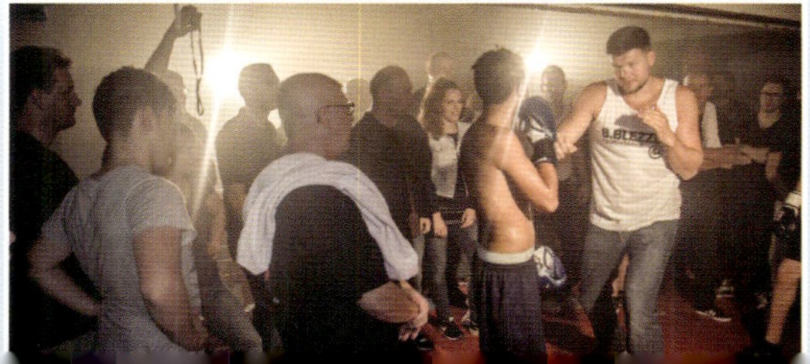

▶ Kennst du Menschen in deinem Umfeld, die „am Kämpfen" sind?

Werde kreativ und unterstütze sie!

▶ Hier gibt es Tipps für dein Kampf-Training: 1. Korinther 9,24-25

Schöpferischer Gestalter

Seit mehr als 25 Jahren arbeite ich in der Pflege im Krankenhaus. Kein leichter Job! Aufgrund eines seit vielen Jahren voranschreitenden Pflege-Notstands arbeiten immer weniger Pflegekräfte an immer mehr bedürftigen, kranken und sterbenden Menschen. Das Missverhältnis ist besorgniserregend und führt zu immer groteskeren Zuständen in Heimen und Kliniken. Mit dieser Art von Stress habe ich es an jedem Arbeitstag zu tun. Viele Kollegen brennen aus, geben auf und steigen aus. Und ich?

Nachdem sich auch in mir ein nicht geringes Maß an Unmut und Zorn über die verkehrten Verhältnisse angesammelt hatte und ich immer giftiger und anklagender wurde, sprach eines Tages Gott zu mir. Vielleicht war ich ihm zu negativ, zu resigniert geworden? Mitten in meine Beschwerden hinein sprach er in meinem Herzen den kleinen Satz: „Wie hättest du es denn gerne?“ Ich war so überrascht, dass ich tatsächlich in meinem Anklage- und Selbstmitleids-Sermon innehielt und zurückfragte: „Wie bitte?! Wieso soll gerade ich an dieser Situation etwas ändern können? Bin ich etwa der Gesundheitsminister?“ Dann wurde die Stimme konkreter: „Wie soll dein Dienst morgen aussehen? Wie würde er dir morgen gefallen?“

Immer noch perplex über diese himmlische Unterbrechung, begann ich mir also zu überlegen, wie es denn ganz konkret morgen auf der Arbeit laufen müsste, damit ich das Empfinden hätte, dass es „gut so“ ist. Ich schrieb mir sogar Stichpunkte auf einen Zettel: Es müsste ein Mitarbeiter mehr da sein oder keine Neuaufnahmen hinzukommen. Es wäre wichtig, ausreichend Zeit für die Arbeit aber auch für das Miteinander und die Pausen zu haben. Die Station müsste auf allen Ebenen genug

Hilfe bekommen, Ehren erhalten, zu keiner Hetze und Eile gezwungen werden usw. Bei jedem Punkt meiner Liste schrien die Ankläger in mir, dass das doch absurd und überhaupt nicht möglich sei. Da müsste sich ja die ganze Welt ändern, damit sich meine Vorstellung von einem „guten Dienst" verwirklichen könnte! Meine Erfahrung würde doch wohl ganz klar die Sinnlosigkeit solcher Willenserklärungen zeigen! Aber die Stimme von oben blieb hartnäckig: „Jammere nicht, sondern sag, was du willst!"

Am nächsten Tag auf der Arbeit kam es alles ganz so, wie ich es gewollt, gesagt und aufgeschrieben hatte. Ich konnte es nicht fassen, denn schließlich „ging das ja gar nicht"! Für mich war es ein wahres Wunder! Wie ein Träumender verließ ich nach der Arbeit das Krankenhaus.

Seitdem übe ich mich darin, zu sagen – vor Gott, vor mir selbst, vor der Arbeit – wie ich es denn gerne hätte. Inzwischen hat sich die Anfangserfahrung nicht immer, aber doch viele, viele Male wiederholt, sodass ich jetzt weiß: Ich habe etwas zu sagen! Auf eine für meinen Verstand unerklärliche Art und Weise nehmen mein Wille und meine Worte Einfluss auf Situationen. Und zwar erheblich.

Jetzt erzähle ich das allen meinen Freunden und fordere sie auf, es auszuprobieren. Dabei fällt vielen das Gleiche auf wie mir: Etwas in uns glaubt einfach nicht, dass wir über unser Leben, unsere Familie und unsere Arbeit was zu sagen haben. Wir sind in einer Art „Ohnmacht" oder „Opfermentalität" gefangen, die uns von vornherein ausredet, herauszufinden und auszusprechen, was wir wollen. Wir sollen „vernünftig" sein und nicht träumen ...

Die wunderbare Wahrheit, die ich entdeckt habe, lautet: Wir haben viel mehr über unser Leben und unsere Umstände zu sagen, als wir meinen. Tatsächlich habe ich in der Bibel gefunden, dass Gott den Menschen nicht geschaffen hat, um ein ohnmächtiges Opfer zu sein, sondern ein schöpferischer Gestalter seiner Wirklichkeit. Alles beginnt darum mit den Fragen: „Wer bin ich eigentlich?" und: „Was will ich?"

Frank Krause, Krankenpfleger und Autor, www.autor-frank-krause.de

geh!

Du bist dazu aufgerufen, dein Leben mitzugestalten.

- ▶ Gibt es einen Bereich in deinem Leben, der dich unzufrieden macht? Führe ein Gespräch mit Gott. Er hört und handelt garantiert. Manchmal überraschend anders.

mehr

- ▶ Lass dich von der Witwe inspirieren: 1. Könige 17,8-16

Ehealltag

Nach zwei Jahren „wilder" Ehe folgte die Ehe mit Gottes Segen – jetzt ist alles gut, dachte ich. Nichts war gut: Chaos! Die kleinen Fehler meiner Frau nervten mich doppelt. Damit sollte ich mich nun mein Leben lang herumschlagen? Panik kam auf.

Aber zum Glück hatten wir gute Freunde! Unser Hauskreis schickte uns auf ein Eheseminar. Was soll ich denn da? Doch dieses Seminar hat etwas verändert – nämlich mich. Ich hab verstanden, wie wichtig Kommunikation ist und wie kompliziert die Ehe manchmal sein kann. Ich hab verstanden, welchen Segen Gott für eine Ehe gibt, wenn beide 100 Prozent geben – zwei mal 50% reichen da nicht aus. Nach zweieinhalb Jahrzehnten Ehe kann ich sagen: das Beste, was mir Gott geschenkt hat, ist meine Ehefrau. Danke!

Eheseminare haben wir noch unzählige gemacht. Nicht immer haben wir etwas Neues gelernt. Aber jedes Mal wurden wir daran erinnert, dass sich die Arbeit lohnt. Heute können wir Tipps an junge Paare weitergeben. Die müssen ja nicht die gleichen Fehler wie wir damals machen. Meine Frau hat noch immer Fehler – noch immer die gleichen. Ich aber habe mehr als sie, und dennoch hält sie durch! Wir sind ruhiger geworden und gehen gelassener mit den Fehlern des anderen und den eigenen Fehlern um.

Klaus Schlotterer, Maschinenbautechniker, Bauchredner, www.klauslucie.de

geh!

▶ Schreibe 10 Gründe auf, warum du deinen Partner liebst.

Am besten überraschst du ihn mit einem Brief.

mehr

▶ Diese Verse gelten auch besonders in der Ehe: Johannes 15,9-17

Schluss mit Hass

Durch meine Vergangenheit und die aggressive Musik, die ich jahrzehntelang gehört und auch als Sänger mehrerer Bands gesungen hatte, steckte ich voller Hass und Aggressionen. Hass sowohl auf Menschen, die mir etwas angetan hatten, als auch auf die Menschen im Allgemeinen. Manchmal hatte ich sie in Gedanken sogar getötet. Durch meinen Kampfsport wusste ich, wie man hätte zuschlagen müssen. Doch nachdem ich mich für ein Leben mit Jesus Christus entschieden hatte, änderte sich plötzlich alles.

Einige Zeit später überkam mich während der Autofahrt eine Welle des Hasses. Mein Brustkorb drohte vor lauter Hass auf alle möglichen Leute zu zerplatzen und eine „Stimme" rief immer wieder: „Ramme alle anderen Autos und fahre anschließend auf den Brückenpfeiler!" Doch von einer Sekunde auf die andere fing ich plötzlich wie ein kleines Kind an zu heulen. Ich war nicht mehr der harte, hasserfüllte Kerl. Stattdessen spürte ich Frieden in mir. Ich konnte den Menschen vergeben, die mir in der Vergangenheit schlimme Dinge angetan hatten. Mir nahestehende Menschen, die ich früher hasste, nehme ich heute in den Arm und sage ihnen, dass ich sie sehr liebe. Ich erlebte durch Jesus nicht nur Befreiung von meinen zerstörerischen Aggressionen, sondern auch eine tiefe Offenbarung von der Liebe Gottes.

Alexander Denk, Pastor, Gemeindegründer, Referent, www.a-denk.de

- Wie gehst du mit deinen Aggressionen um?

  Vertraue dich jemandem an. Betet, dass Hass keine Chance mehr in deinem Leben hat.

- In Lukas 6,27-28 steht eine Aufforderung, die du alleine nicht hinbekommst.

Laura

Seit knapp zwei Jahren reise ich quer durch Deutschland, Österreich und die Schweiz zu verschiedenen Veranstaltern, die mich einladen, um meine Geschichte zu hören.

Ich hatte mit 17 Jahren einen schweren Verkehrsunfall und sitze seitdem im Rollstuhl. Trotzdem schaffte ich eine steile Karriere bis ganz oben, wurde Steuerberater, Konsul und Botschafter. Ich war sehr reich und verkehrte in den höchsten Kreisen der sogenannten High Society. Ich wurde dabei aber immer gieriger auf Geld, Geld und noch mehr Geld... Das brachte mich letztendlich zum Absturz und ins Gefängnis. Dort las ich das erste Mal in einer Bibel und erkannte mein bisheriges falsches Leben. Ich bereute es, kehrte um und übergab Jesus mein künftiges Leben. Heute lebe ich glücklich und zufrieden wie nie zuvor und gebe den Menschen ein Zeugnis von meiner radikalen Lebensänderung.

Bis Februar 2015 bin ich zu Veranstaltungen meist alleine gefahren. Als es mir jedoch zu viel wurde, betete ich zu Gott, mir eine Unterstützung zu schicken. Einige Tage darauf fragte ich im sozialen Netzwerk Facebook mehr so nebenbei, ob jemand bereit wäre, mich zu unterstützen.

Wie ich später erfuhr, „ploppte" im selben Augenblick meine Facebook-Seite auf dem Computer einer jungen Frau namens Laura auf. Sie war irritiert, schaute sich meine Seite dann aber doch genauer an. Was soll ich sagen? Keine zwanzig

Minuten nach meinem Hilferuf zu Gott meldete sich Laura bei mir und fragte, ob und wie sie mir ehrenamtlich helfen könne.

Solche Dinge passieren wirklich. Ständig. Und nicht nur mir. Man muss bloß die Augen und vor allem das Herz öffnen, dann entdeckt man an jeder Ecke Gottes Wirken im Alltag von uns allen.

Laura und ich verstanden uns auf Anhieb. Es passte einfach zu gut, als dass man es nur einen Zufall nennen könnte.

Mit Lauras Ankunft löste sich noch ein ganz anderes Problem. Mein Vater war 2013 verstorben und ich hatte die Wohnung in dem Haus, das er mir hinterließ, renovieren lassen. Aber ich konnte mich nie überwinden, sie an einen Fremden zu vermieten. Das hing damit zusammen, dass man in den 1950er Jahren, als mein Vater das Haus gebaut hatte, wenig Wert auf Schall- und Lärmschutz legte. Man hörte jeden Schritt, der im Obergeschoss gelaufen wurde, bis hinunter ins Erdgeschoß. Der Gedanke, einen Mieter zu haben, der den ganzen Tag da oben hin und her läuft, war der reinste Horror für mich.

Als aber Laura zu unserem Team stieß, hatte ich eine perfekte Verwendung für die Räume. Denn nun wohnte meine Mitarbeiterin dort und es gab mir das Gefühl, dass auch diese Begebenheit kein Zufall, sondern von langer Hand so vorgesehen war. Bei Lauras Federgewicht hörte ich übrigens gar nichts, weil sie auf Socken lief. Eine bessere Hand, eine intensivere Unterstützung konnte ich mir kaum vorstellen.

So habe ich gelernt, dass man Gott um alles bitten kann. Er hört jedes noch so einfache Gebet. Und er erhört Gebete auch manchmal innerhalb von Minuten. Warum das nicht bei allen Gebeten so ist, darüber mache ich mir keine Gedanken. Zum Einen ist Gott kein Wunschautomat: oben Gebet rein – unten Erfüllung raus. Das wäre zu billig. Außerdem bleiben mir so noch ein paar Fragen an Gott, wenn ich ihm irgendwann gegenüber stehe...

Josef Müller, Buchautor und Sprecher, Auszug aus dem Buch „GO! – Das Leben will dir Beine machen", www.josef-mueller.de

Diese Begebenheit war kein Zufall. Auch dein Leben ist kein Zufall!

▶ Schreibe auf, was dir diese Woche von Gott schon zugefallen ist.

▶ Gott möchte es dir zufallen lassen: Lukas 11,5-13

Volle Wochen

Ich bin mal wieder unterwegs mit Typen, die sehr unterschiedlich sind, sich aber dann doch wieder sehr ähneln. Wir alle wollen uns nämlich nicht damit abgeben, dass Menschen nicht mehr in die Kirche kommen und nicht mehr Jesus kennenlernen möchten. Sie kommen nicht, weil sie nicht ernst genommen werden, weil niemand sie versteht und die Fragen nicht gehört werden.

Aber keiner braucht zu kommen, denn unser Herz schlägt für sie, und deshalb gehe ich mit diesen Typen zu den Menschen und wir feiern, arbeiten und leiden mit ihnen.

Ich treffe Benni, der in Berlin auf dem Alexanderplatz mit Jugendlichen abhängt, die oft ohne Heimat sind, Drogen nehmen und Musik lieben. In den Treffen im Fastfoodrestaurant wird Klartext geredet und ich spüre seine Herzlichkeit und Liebe, die er zu ihnen hat. So hören sie oft zum ersten Mal, wer Jesus ist und wie ein Leben mit ihm aussehen kann.

Ein paar Tage später und viele hundert Kilometer weiter südlich, in der Nähe von Berr, begegne ich Samuel. Der hat schon immer Jesus und Metal-Musik geliebt und lebt jetzt seine Leidenschaft als Metalpastor. Das Konzert und der Gottesdienst waren hart, aber sehr herzlich. Eindeutige, herausfordernde Worte, aufrichtiges Interesse und warmherzige Gemeinschaft treffen hier zusammen. Hier können die Metalfans echt sein, und das merken sie.

Viele kleine Begegnungen runden meine Eindrücke ab. Ich habe das Vorrecht, diese neuen Aufbrüche in der Kirche, mit der Kirche und für die Kirche mit meiner Kamera zu dokumentieren.

Denn ihnen allen geht es darum zu zeigen, dass Jesus für sie da ist, sie versteht, sie annimmt, liebt und gleichzeitig herausfordert. Und deshalb begeben sie sich mitten hinein, statt hereinzubitten.

Der Benni, der Samuel, der Silas, die Tabea, der Friedrich, die Christina, die Ina, der Felix, der Bernd... alle sind an ihrem Platz ein Hoffnungsschimmer Gottes. Jesus ist nicht altmodisch oder langweilig - wir manchmal schon.

Ich freue mich schon auf die nächsten Begegnungen,
um Gott mitten unter den Menschen zu treffen...

Konrad Schmid, Filmemacher, www.bildwerk360.de

Gott lebt mitten unter uns. Jeder Mensch ist sein Ebenbild. Er ist kreativ und liebt die Unterschiedlichkeit.

- Bist du „anders"?
- Kennst du Menschen, die „anders" sind?
- Würde Jesus mit Zuhältern frühstücken?
- Wäre er bei Facebook?

Begegne einem Menschen, der „anders" ist als du, und lass dich überraschen.

- Menschen begegnen Jesus „anders", auch damals: Lukas 7,36-50

Niemals werde ich in die Gemeinde gehen!

Neun Jahre lang ging ich in einen Jugendkreis und lernte dort das erste Mal den Glauben kennen. Dort machte ich meine ersten Schritte. Ich lernte, was es heißt, Gemeinschaft zu haben, auf andere zu achten und füreinander da zu sein. Gott suchte mich, fand mich, berührte mich und liebte mich von ganzem Herzen. Diese Liebe war so unglaublich, dass ich sie nicht mehr missen wollte ...

Doch dann gab es einen Break. Wir zogen in eine andere Stadt und verließen somit die Jugend. In der anderen Stadt haben wir irgendwie nie Anschluss gefunden. Und auch, als wir wieder zurückgezogen sind, gab es irgendwie nie eine Gemeinde, wo wir uns zu Hause fühlten. So kam es, dass wir von 2009 bis 2014 gemeindelos waren.

Ein Freund erzählte mir schon seit langem von einer neuen Gemeinde, die er kennengelernt hatte, und meinte, dass ich da doch unbedingt hingehen müsse, weil sie zu mir passen würde. Ich fragte ein paar Eckdaten ab: Wie lange geht der Gottesdienst? Wie sind die so drauf? Wie ist so der Ablauf? etc. Er beantwortete mir meine Fragen, und für mich war klar: „Niemals werde ich da hingehen!" Also ging ich auch nicht hin. Wieder verstrich einige Zeit.

Ich nahm mit Freunden an einem sogenannten Wohnmonat teil. Das bedeutet, dass ganz viele Leute für einen ganzen Monat zusammenwohnen. Heißt: Man hat auf einmal extrem viel Gemeinschaft miteinander. Man isst zusammen, macht zusammen Musik, spielt Spiele, betet zusammen, lernt die anderen besser kennen und so weiter... Das ist eine ziemlich coole Zeit. Sonntags fühlte ich mich allerdings immer doof. Alle gingen morgens in die Gemeinde, in die ich nicht wollte. Also blieb ich immer allein zurück. Ich weiß nicht wieso, aber das hat mich total wahnsinnig gemacht!

Also beschloss ich irgendwann sonntags mitzugehen, obwohl ich keine Lust hatte, aber ich wollte ja nicht alleine zurückbleiben. Das hieß für mich auf einmal: Drei Stunden Gottesdienst und ganz viele unbekannte Gesichter. Ich war sichtlich

▶ Hat Gott eine Chance, dir in der Gemeinschaft mit anderen Christen zu begegnen?

Sei mutig, wirf deine Vorbehalte über Bord und lass dich von Gott begeistern.

genervt. Doch dann waren die Leute übelst freundlich zu mir und der Gottesdienst war gar nicht so schlecht, wie ich dachte.

Ich kam Woche für Woche wieder und fing an, mich immer wohler zu fühlen. Meinen Mann schleppte ich auch irgendwann mit, und er fühlte sich auch total wohl. Mittlerweile ist es für mich ein Zuhause geworden, und ich liebe es, Teil von dieser Gemeinde sein zu dürfen. Ich kann mich total entfalten mit dem, was ich kann, und mich somit einbringen. Es tut gut, eine Gemeinde im Rücken zu haben, die dich stärkt und unterstützt. Heute bin ich total dankbar, dass Gott uns dahin geführt hat. Jetzt sind wir seit zehn Monaten dort und ich kann sagen: „Ich bin angekommen, ich fühle mich Zuhause und ich habe eine Gemeinde!"

Gina Lippert, Bloggerin, www.meetingjesus.de

mehr

▶ Noch ein wichtiger Aspekt der Gemeinde – Römer 15,7

Lass dich auch einmal heraus- fordern:

„7 Wochen mit“

Sie näherte sich wieder, die Zeit, die von Aschermittwoch bis zum Karfreitag geht, genau, die Fastenzeit. Eine Zeit, sich auf Ostern vorzubereiten. Es gibt viele Aktionen der Kirchen, Menschen verzichten auf bestimmte Gewohnheiten, auf Alkohol, Süßigkeiten, Kaffee o. Ä. Es war für mich schon immer eine besondere Zeit um zu testen: Kann ich mal ohne Süßes oder Kaffee auskommen oder bin ich schon abhängig davon und bin ich auch bereit zu verzichten?

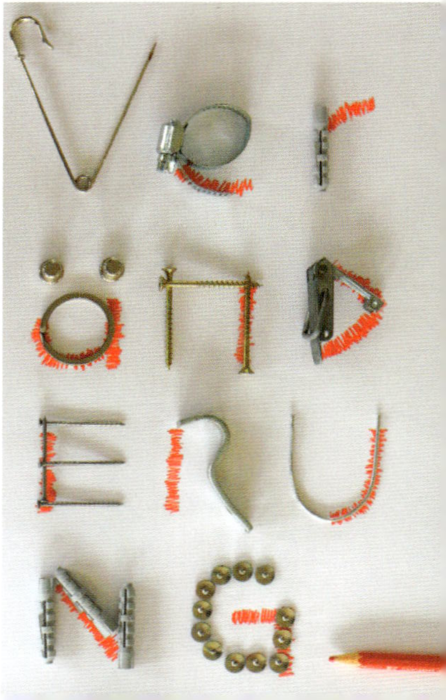

In diesem Jahr war alles ganz anders. Ich hatte keinen richtigen Drive, schon wieder auf irgendwas zu verzichten. Etwas Besonderes wollte ich tun, aber was? Ich ging in die Stille mit Gott – dort passierte es. Und zwar so, wie es meist geschieht, wenn Gott eine Veränderung von mir möchte. Es passte mir nicht so richtig, denn ich sollte jeden Tag eine Postkarte an eine Person schreiben. Also keine „7 Wochen ohne“ sondern, „7 Wochen mit“. 7 Wochen mit Postkarten schreiben! Für jemanden wie mich, der nur noch sehr selten mit der Hand schreibt und selbst vom Urlaub nicht mal mehr an die besten Freunde eine Karte schickt, war das nicht so ohne. Das roch ja richtig nach Arbeit! Und Fragen blieben. Wem soll ich schreiben? Was soll ich schreiben? Wer ist der Absender der Karte? Doch der Eindruck blieb in meinem Herzen hängen und ließ mich nicht mehr los!

Der erste Tag kam und mit ihm die Unsicherheit. Doch ich betete vor jeder Karte zu Gott. Er war ja der Auftraggeber und so musste er mir die Menschen und den Text nennen. Und er tat es. Jeden Tag durfte ich aus der Sicht Gottes an Menschen schreiben, mit denen ich teilweise nicht mehr als ein paar Worte gewechselt hatte, von denen ich keine Hobbies und Vorlieben kannte. Nicht meine Freunde, sondern nicht von mir ausgesuchte Menschen bekamen im wahrsten Sinne des Wortes Post von Gott. Von dem Gott, der jeden Menschen so sehr liebt, der gute Worte für jeden hat, der sich über jeden freut und jedem zusagt, dass er in seinen Augen wunderbar und kunstvoll geformt ist.

Jede neue Karte veränderte mich, denn jede anfängliche Unsicherheit verwandelte sich in eine klare Botschaft, die Gott dem Menschen vermitteln wollte. Nicht ich stand im Mittelpunkt, sondern Gott. Ich durfte seine rechte Hand sein, von der er die Worte aufschreiben ließ. Das stärkte mich jeden Tag aufs Neue, und voller Freude beendete ich die Aktion.

So ein Reden Gottes, so eine Stärkung meines Glaubens, so ein Vertrauen in den Ideengeber Gott hatte ich selten erlebt. Es gab nur Beschenkte: Die Adressaten und besonders ich.

Rainer Zilly, Grafik-Designer, www.Kreativ-Agentur-Zilly.de

- Was war dein erster Gedanke beim Lesen des Textes?
- Kann es sein, dass Gott auch dich als ein Werkzeug gebrauchen möchte?
- Für wen kannst du heute der Kartenschreiber Gottes sein?

- In Matthäus 24,25 steht etwas ganz Besonderes über die Worte von Jesus.

Hochzeitsreise zu Dritt

Dienstag, 6. August 1985. Hochzeitsreise! Etwas ganz Besonderes für jedes jung verheiratete Paar! Vor drei Tagen hatten wir geheiratet. Meine Frau und ich kennen uns bereits seit Kindheitstagen. Wir waren zusammen im Kindergarten und in der Schule sogar in derselben Klasse. Trotzdem war alles anders und neu – wir waren ein verheiratetes Paar.

Wien war unser erstes Ziel. Dort trafen wir einen guten Freund von uns. Mit ihm und 700 ungarischen Bibeln setzten wir unsere Hochzeitsreise fort. In einem alten Ford Transit, der zum Wohnmobil umgebaut war, ging's weiter Richtung Ungarn. Neben Kühlschrank und Bett besaß er auch noch einige Geheimfächer, in denen die, so hofften wir, gut versteckten Bibeln lagen.

Die politische Lage war vor 30 Jahren in Europa eine andere, als sie es heute ist. Durch Europa zog sich der „Eiserne Vorhang". Im Gegensatz zum Westen war Osteuropa kommunistisch geprägt. Das bedeutete auch, dass Christen dort verfolgt, ihre Religion und somit auch ihre Bibeln verboten waren.

Ungarische Grenze. Unser Puls raste, unser Herz klopfte wie wild. Dennoch versuchten wir nach außen hin so ruhig wie möglich zu wirken, um keinerlei Aufmerksamkeit zu erregen. Und immer wieder dieselbe Frage, die wir uns stellten: „Wird sich der Schlagbaum öffnen, sodass wir einreisen können? Oder werden wir mit unseren versteckten Bibeln erwischt?" „Mit meinem Gott kann ich über Mauern springen", heißt es in der Bibel. Uns blieb nichts anderes übrig, als IHM zu vertrauen. Und wieder einmal zeigte sich, dass es sich lohnt, Gott sein Vertrauen zu schenken – der Schlagbaum ging hoch und wir durften ohne Probleme einreisen und unseren Weg fortsetzen. Heimlich schickten wir Dankgebete gen Himmel.

Die Adressen und die Routen zu unseren Freunden hatten wir in den letzten Tagen auswendig gelernt. Dies war wichtig, denn für den Fall, dass wir entdeckt werden würden, gäbe es trotzdem keinerlei Hinweise auf unsere Freunde. Logischerweise konnten wir uns auch bei niemandem anmelden, da davon auszugehen war, dass sämtliche Telefonanschlüsse des Landes abgehört wurden.

Einer der heikelsten Punkte unserer Reise war es, die Bibeln aus den getarnten Verstecken im Wohnmobil zu holen. Doch wir hatten Glück. Wir fanden einen dichten Wald, abgelegen und doch nicht zu weit von dem eigentlichen Übergabepunkt entfernt. Meine Frau stellten wir als Wache mitten im dunklen Wald ab. Licht war natürlich tabu. Schnell und leise holten mein Freund und ich die Bibeln aus ihren Verstecken. Als wir unsere Fahrt auf einer anderen Route fortsetzten und den Wald an einer anderen Stelle verließen, fiel uns sofort ein großes Warnschild auf: „Militärischer Sperrbezirk! Zutritt strengstens verboten!" Wir hatten Gottes Wort direkt vor den Augen des Feindes ausgeladen und trotzdem wurden wir nicht entdeckt. Ob Gott die Soldaten in einen Tiefschlaf hat fallen lassen, ist uns nicht bekannt. Aber alle Dinge sind möglich dem, der glaubt.

In der Stadt angekommen, verließen meine Frau und unser Freund gemeinsam mit den Bibeln das Auto. Ich blieb alleine im Auto zurück. So konnte ich zum einen auf das Auto aufpassen und zum anderen notfalls Alarm schlagen, damit die beiden nicht gefasst werden könnten. Glücklicherweise kamen sie aber nach einer gefühlten Ewigkeit unversehrt zurück und wir konnten die Fahrt zu unserem nächsten Kontakt fortsetzen.

Gerd Burkhardt, Chauffeur, Prädikant der Evang. Kirche, www.SafeConnect.eu

Das ist eine krasse Geschichte, aber Gott wirkt selbst im Kleinen außergewöhnlich.

▶ Was willst du schon immer tun und traust dich nicht?

Tu den ersten Schritt!

▶ Der Vers ist ein Knaller und deine Motivation: Römer 8,28

Der Kampf um meine Seele

Meine Kindheit war geprägt von Einsamkeit. Daher flüchtete ich mich in eine Märchen- und Fantasiewelt. Das war bei mir der Einstieg in die esoterische und okkulte Welt.

Schon als Kind erlebte und sah ich die geistige Welt. Es stand für mich außer Frage, dass es einen Schöpfer und einen Vater im Himmel gibt. Leider wurde meine Sehnsucht als Kind nach diesem „liebenden Vater“ nicht gestillt. So driftete ich ab und geriet immer tiefer in die Fänge des Bösen. Als Sport- und Gymnastiklehrerin bot ich in meinem Studio fast alles an, was die esoterische Szene zu bieten hatte. Parallel dazu machte ich eine Ausbildung zur Reiki-Lehrerin. Zeichen, Wunder, Heilungen und abgefahrene Erlebnisse mit der geistigen Welt waren für mich normal. Da ich vor jeder Reiki-Behandlung um die „göttliche universelle Energie“ betete, glaubte ich, mit der wahren göttlichen Kraft verbunden zu sein.

▶ Gibt es Dinge in deinem Leben, die dir nicht guttun?

Amulette, Talismane, Glücksbringer, Spiele, Bücher, Musik, die dich runterzieht ...

Trenne dich davon! Wenn du Hilfe brauchst, nimm sie in Anspruch.

Trotz Erfolg und großem Zulauf lief mein Leben allmählich aus den Fugen. Meine Ehe zerbrach, ich wurde krank, bekam Depressionen und wollte nicht mehr leben. Kurz vor dem Selbstmord griff Gott ein. Plötzlich wurde mir bewusst, dass ich mich mit dunklen Mächten eingelassen hatte. Ich erkannte, dass schwarze und weiße Magie den gleichen Ursprung haben, nämlich Satan. Sein Ziel ist Zerstörung und Tod. Jedem, der sich mit esoterischen und okkulten Praktiken und Ritualen beschäftigt, rate ich dringend umzukehren!

Im Rückblick bin ich meinem Gott Jesus Christus dankbar, dass er mir den Schleier der Verblendung weggenommen und mich aus der Finsternis befreit hat. Nach über zwölf Jahren im Glauben habe ich die absolute Gewissheit, dass ich all diese Dinge nicht mehr brauche. Jesus allein ist genug! Bei ihm habe ich alles gefunden, was ein sinnvolles, erfülltes Leben ausmacht: Liebe, Freude, Friede, Freundlichkeit, Heilung und Wiederherstellung von Körper, Seele und Geist. Jesus hat unsere Ehe und Familie geheilt. Früher war ich ein Fluch für meine Mitmenschen, jetzt werde ich gesegnet und darf diesen Segen weitergeben. Und das macht riesig Freude.

Angelika Amend, Autorin „Der Kampf um meine Seele – eine Reiki Lehrerin findet die ersehnte Erleuchtung"

▶ Prüfe die Dinge im Blick auf Jesus: 1. Johannes 4,1-3

140 Rosen

Es lief richtig gut in jenem Jahr 2000. Frederick, mein Mann, und ich sahen unsere Vision Wirklichkeit werden. Wir begannen in Kapstadt (Südafrika) auf dem Gebiet der Inneren Heilung und Seelsorge unter Randgruppen in der farbigen Bevölkerungsgruppe zu arbeiten.

Mitten da hinein traf uns diese unfassbare Nachricht: Bei mir wurde ein Ovarialkarzinom diagnostiziert. Von einem Augenblick auf den nächsten wurde mir alles, was mir lieb und wert war, aus der Hand gerissen: Meine Familie und meine Berufung. Ich musste alleine zur Behandlung nach Deutschland zurückkehren. Doch die Prognose war gut: Der Krebs hatte nicht gestreut und war begrenzt. Und GOTT gab mir ein Wort, mitten in der Nacht: „Ich lebe und du sollst auch leben! Hier, jetzt, auf dieser Erde. Dieser Vers ist nicht nur für die Ewigkeit gedacht!" Ich nahm dieses Wort in mich auf und verinnerlichte es.

Und so war es umso schockierender für uns alle, als vier Jahre später Metastasen festgestellt wurden. Wir waren am Boden zerstört, hoffnungslos enttäuscht über Gott.

Eines Sonntagmorgens im Gottesdienst betete unser Gemeindepfarrer mit einem „Freund" für mich. Danach kam dieser „Freund" auf mich zu: „Ich weiß nicht, ob es Sinn für dich macht, aber du wirst wieder aufblühen!" Ja, es machte Sinn, denn kurz nach meiner Ersterkrankung hatte eine Freundin ein Bild für mich im Gebet empfangen: Eine Rose in voller Blüte. Sie sagte, ich müsse „die Blütenblätter loslassen, damit das Öl, das sich im Kern der Blüte befindet, frei gesetzt werden kann." Das heißt, ich sollte Gott an mir arbeiten lassen, mich an meiner kaputten Seele heilen lassen, damit das heilende Öl freigesetzt wird und ich in meinem Dienst anderen Heilung bringen kann.

Ich unterzog mich wieder der Behandlung in Deutschland. Aber mein Zustand gab keinen Grund zur Hoffnung. Im Gegenteil, Frederick wurde nahegelegt, die Kinder – 10 und 11 Jahre alt – auf mein Sterben vorzubereiten. Wir waren mutlos und verzweifelt über Gott. Aber schließlich griff Gott ein: Er tat viele Wunder, eines nach dem anderen.

Nach sechs Monaten durfte ich wieder nach Südafrika. Interessanterweise war ich bei meiner Rückkehr total fit und voller Energie. Als ich nach jenem „Freund“ fragte, der mir „das Wiedererblühen“ vorausgesagt hatte, schaute man (einschließlich Pfarrer!) mich erstaunt an. Keiner konnte sich an ihn erinnern ...

Der Kampf war aber noch nicht vorbei, denn die Angst und die Prognose, dass der Krebs wiederkehrte, lastete schwer auf uns. Es fiel mir so unendlich schwer, Gott zu vertrauen und zu glauben, dass er gut war.

Am Ende einer Schulung, an der ich teilnahm, fand eine Abschlussfeier statt. Ich hielt buchstäblich den Atem an, als ich den Raum betrat: Er war mit 140 dunkelroten Rosen dekoriert. Der Hintergrund für die Liedtexte auf dem Bildschirm war eine riesige Rose, und das erste Lied, das wir sangen, war „Above all“ von Michael W. Smith, wo es am Ende des Liedes übersetzt heißt: „Wie eine Rose, die auf dem Boden zertrampelt wird, nahmst du diesen tiefen Fall auf dich und hast dabei vor allem an mich gedacht.“ Tränen strömten mir übers Gesicht. Es war, als ob Gott mir sagen wollte: „Vertrau mir doch, vertrau mir, vertrau mir. Was ich verspreche, halte ich. Schau auf mich, nicht auf Menschen!“

Ja, ich habe Gott als einen erfahren, der das Schlimme in meinem Leben umgewandelt hat in etwas so Gutes, das ich vorher gar nicht hatte: Echtes Leben. Gott ist gut!

Doris Kammies, Member Care, Jugend mit einer Mission

geh!

Auch in den Tiefen deines Lebens ist Gott an deiner Seite.

▶ Notiere, in welchen Situationen du seine Nähe nicht erlebst und bitte ihn um ein Zeichen.

mehr

▶ Vertrau dich Gottes Führung an: Psalm 23

Genieße das Lied mit offenem Herzen.

Berufsfeuerwehrmann. Verwitwet. Alleinerziehend.

Dies sind nicht gerade die besten Voraussetzungen, um sich in ein großes Projekt einzubringen, spontanen Impulsen zu folgen oder gar mit seiner kleinen Tochter einen Missionseinsatz im Ausland zu machen. Und doch habe ich jedes einzelne davon erlebt.

Ich bekam nach Jahren des Betens die Möglichkeit mich einzubringen, eine Vision mit Leben zu füllen: ein spezielles Neues Testament mit Psalmen für Feuerwehrleute zu schreiben! Darin sollten auch Geschichten von Feuerwehrmännern zu lesen sein, in denen sie über ihre Erlebnisse mit Jesus berichteten. Wenn meine Tochter abends ins Bett gegangen war und ich die Hausarbeit erledigt hatte, konnte ich die Zeit nutzen, um Texte zu übersetzen, Vorschläge und Ausarbeitungen mit der Grafikerin zu besprechen oder ganz einfach nur für das Projekt zu beten. Nach Monaten intensiven Arbeitens hielten wir dann endlich die druckfrischen Exemplare in den Händen. Genau rechtzeitig, denn wenige Tage später begann die weltgrößte Fachmesse, auf der die „Feuerwehrbibel“ vorgestellt und verschenkt werden sollte. Just in time!

Einige Zeit vor diesem Ereignis hatte ich den Gedanken, unserem Innenminister, der bei uns im Landkreis wohnt, ein bestimmtes Buch mit Lebenszeugnissen zu schenken. Da ein Innenminister aber unter Personenschutz steht, hatte ich keine

Ahnung, wie ich diesen Impuls praktisch umsetzen sollte. Ich wollte natürlich, dass das Buch auch wirklich bei ihm ankommt. Also begann ich wieder zu beten. Über Monate tat sich aber nichts. Eines Morgens hielt ich beim Bäcker, um mir nach meinem 24-Std.-Dienst ein Frühstück zu kaufen. Während ich in der kurzen Schlange wartete, ging plötzlich die Tür auf und der Innenminister kam herein. Sofort nach meinem Einkauf bin ich zum Auto gelaufen, um das Buch mit persönlicher Widmung zu holen. Wieder beim Bäcker angekommen, ging gerade die Tür auf und der Innenminister kam heraus, sodass ich ihm das Buch persönlich überreichen konnte.

Jedes Jahr gibt es besondere Missionseinsätze von Feuerwehrleuten für Feuerwehrleute. 2012 erfuhr ich, dass einer dieser Einsätze zwei Jahre später in Los Angeles stattfinden und ich daran teilnehmen sollte. Wie ich das praktisch umsetzen sollte, wusste ich aber leider noch nicht. Weder sprach meine Tochter mit ihren knapp vier Jahren genügend englisch, noch konnte ich sie natürlich alleine zu Hause lassen. Selbst wenn ich sie hätte mitnehmen können, reichten meine Finanzen nur mit Mühe und Not für ein Flugticket und nicht für die benötigten zwei. Auch beinhaltete der Einsatz dort zwei komplette Schichten mit den Kollegen – unmöglich also, meine Tochter mit auf die Wache zu nehmen. Trotzdem bereitete ich alles vor. Auf wunderbare Weise ließen sich die anstehenden Herausforderungen und Aufgaben problemlos lösen. Ich konnte sogar zwei komplette 24-Std.-Schichten mit meinen Kollegen der Berufsfeuerwehr Los Angeles arbeiten und ihnen dadurch auch meinen Glauben an Jesus Christus bezeugen!

Auch meine Tochter hatte eine tolle Zeit. Wunderbare deutschsprachige Freunde, die in der Nähe von Los Angeles mit ihren Kindern lebten, hatten sich glücklicherweise angeboten, auf meine Tochter während den 24-Std.-Schichten aufzupassen. Die restliche Zeit war sie mit uns unterwegs und hat es in vollen Zügen genossen!

Wieso schreibe ich diese drei kurzen Beispiele?
Egal, wie kompliziert deine Umstände sind: Unsere Hoffnung durch Jesus Christus ist es immer Wert, geteilt zu werden!

Steffen Schwarz

Du bist auch einer:

Das Leben läuft nicht immer glatt.

- Wie sehen deine Lebensumstände aus?
- Werden deine Umstände zu Entschuldigungen, Herausforderungen aus dem Weg zu gehen?

Gottes Möglichkeiten sind unbegrenzt.

- Welcher Herausforderung willst du dich mit Gottes Hilfe stellen?

- Das passiert, wenn man einen Auftrag ausführt: Apostelgeschichte 8,26-40

Die herzförmigen Steine – vom Schenken aus dem Überfluss

Vor ein paar Tagen machte ich mich auf, um an dem Ort, in dem ich ein paar Tage meiner Ferien verbrachte, Wasser zu suchen. Ich liebe es, an einem Fluss, Bach oder See meine Seele baumeln zu lassen. Und so fand ich gar nicht weit entfernt (dank Smartphone – haha) einen großen Fluss mit einem wunderschönen Steine-Strand.

Wenn irgendwo viele Steine sind, halte ich immer nach Herz-Steinen Ausschau, und nicht selten finde ich mehrere davon (hab auch schon eine kleine Sammlung zuhause). Und so auch an diesem Tag – ich konnte mich quasi kaum retten vor lauter Herz-Steinen. Ich sammelte ein paar und setzte mich dann hin, um Gottes Gegenwart zu suchen und zu genießen. Bei dem Stein, der am meisten die Herzform hatte und meiner Meinung nach einer der beiden schönsten war, hatte ich den Eindruck, dass ich ihn an die Freundin, mit der ich im Urlaub war, weiterschenken soll. Erst dachte ich: Och nö, den möchte ich eigentlich gern für meine Sammlung haben. Aber dann kam mir im nächsten Moment der Gedanke, dass ich jetzt so im Überfluss mit Herz-Steinen beschenkt wurde, dass ich davon sehr gerne weitergeben will.

In der Ferienwohnung gab ich meiner Freundin den Herz-Stein und sagte: „Ein Gruß von Papa (Gott) vom Strand", und erinnerte sie daran, wie sehr Gott sie liebt und sich an ihr freut. Sie freute sich sehr und erzählte mir, dass sie auch am Steine-Strand war und Gott gebeten hatte, einen Herz-Stein zu finden, aber keinen gefunden habe. Jetzt wissen wir, warum sie keinen gefunden hatte – der Herr hatte einen anderen Weg, ihr das zu geben, was sie sich wünschte.

Gott kennt unsere Herzenswünsche und Sehnsüchte und er ist souverän (und unendlich kreativ) darin, wann, wie und ob er sie uns erfüllt. Oftmals kommt die Erfüllung auf einem anderen Weg, als wir gedacht oder erbeten haben. Aber alles, was von ihm kommt, ist vollkommen gut. Lasst uns empfangen, was er für uns hat, und großzügig weitergeben von seinem Überfluss.

Jasmin Thiel, Studentin

geh!

▶ Tu heute etwas Großzügiges! Einfach, weil du selbst reich beschenkt bist!

mehr

▶ Jakobus 1,17 – kannst du das glauben?

Etwas Lustiges zum Thema „Schenken"

Wertvoll

Wie wertvoll ist es für ein Baby, liebevoll in den Armen der Mutter zu liegen – behütet, versorgt, gefüttert und gepflegt ... Dass dies oft nicht der Realität entspricht, wissen wir alle ... Doch ist die Bindung zwischen Mutter und Kind eine ganz besondere. Man teilt miteinander elementare Dinge, spürt Gefühlsregungen und lebt die ersten 9 Monate enger zusammen als je eine Beziehung zwischen zwei Menschen sein kann.

Wenn das Baby dann auf die Welt kommt, spürt man die Freude, aber auch die Verantwortung und Anstrengung, Eltern zu sein. Da braucht man manchmal starke Nerven ... Die hatte meine Mama leider nicht. Ich musste in meiner Kindheit oft auf sie verzichten, da sie nicht in der Lage war, meine Schwester und mich zu erziehen. Als Kind habe ich mir darüber keine Gedanken gemacht, weil meine Oma immer da war ... Welchen Kummer und Schmerz diese verlorene Zeit mit meiner Mutter mir und auch ihr bereitet hat, habe ich erst viele Jahre später erkannt. Nachdem ich jahrelang davongelaufen bin, musste ich mir eingestehen, dass es eines der wichtigsten Dinge im Leben ist, eine gute Beziehung zu seinen Eltern zu haben. Wir Menschen sind Beziehungswesen, und je nachdem zu wem und wie wir diese Beziehungen pflegen, wird unser Leben positiv oder negativ geprägt.

Die Beziehung zu Gott ist anders. Hätte ich das früher erkannt, wäre mir einiges an Leid, Schmerz und Enttäuschungen erspart geblieben. Ohne Gott bestimmte Dunkelheit mein Leben. Jene Dunkelheit, die Millionen von Menschen weltweit gefangen hält, vielleicht auch dich ... Was ich von mir dachte, bestimmte mein Leben. Selbstmitleid war noch eine der angenehmsten Erscheinungen in dieser Zeit. Gedankenverloren, wie in Trance, verschwendete ich immer wieder wertvolle Zeit in meiner kleinen Wohnung. Nicht wissend, wer ich bin, wohin ich will oder ob ich will, zündete ich mir manchmal eine Zigarette nach der anderen an.

Mein Leben schien an mir vorüberzuziehen, ohne Sinn und ohne Halt. Meine Ehe ging zu dieser Zeit in die Brüche. Wobei dies nicht der Grund, sondern eher der Auslöser für das Erkennen meiner Leere und Hoffnungslosigkeit war. Ich kann mich an Tage erinnern, an denen ich mir wünschte, das Leben von anderen weiterleben zu können. Denn ich hatte immer mehr den Eindruck, dass mein Leben nicht lebenswert war. Der Grund, dass ich morgens überhaupt aufgestanden bin, war, dass ich einen Arbeitsplatz hatte und meine allmonatlichen Rechnungen begleichen musste. Ängste, Zerrissenheit und eine absolute Leere bestimmten meinen Alltag.

Menschen in solch einem Zustand machen oft einen Fehler nach dem anderen und lassen sich treiben in der Welt, werden zum Spielzeug des Bösen. Gottlos durch das Leben zu gehen, heißt, ausgeliefert zu sein, ohne Schutz und ohne Halt. Es war mir nicht wichtig, wer ich bin und was ich will, denn ich kannte in keiner Weise meinen Wert.

Durch Selbstverteidigung lernte ich Michael Stahl kennen, der mir Gott auf eine Art und Weise vorgestellt hat, die ich bis dahin nicht kannte. Ich fing an in der Bibel zu lesen und nach Gott zu suchen. Ich kann hier nicht alle Wunder beschreiben, die ich seither erlebt habe. Doch nach Gottes Liebe zu suchen war nach langer Zeit die erste richtige Entscheidung in meinem Leben. Es ging mir nicht von heute auf morgen besser. Es war auch nicht leicht zu erkennen, dass Gott die Liebe ist, nach der ich mich sehnte. Durch unsere laute Welt, die uns immer wieder neu ablenkt, kann man ihn kaum noch wahrnehmen; doch spürte ich, dass er einen Plan für mich hat. Ich machte weiter mit Selbstverteidigung und fing an, selbst zu unterrichten.

Gott zeigte mir, wie wertvoll ich bin, mit all meinen Macken und Fehlern. Ich kann mich heute annehmen, so wie ich bin, und das hat Gottes Liebe in mir bewirkt. Als Trainerin arbeite ich mit Menschen aus den unterschiedlichsten Gesellschaftsschichten. Unzählige Projekte habe ich inzwischen in Kindergärten, Schulen, Heimen, verschiedenen Ämtern, Firmen, Vereinen, Gemeinden, Gefängnissen, im Fernsehen usw. durchgeführt. Ich erlebe mit sehr vielen Menschen wertvolle Stunden und Momente, darf sie ermutigen, trösten, zuhören, Tischgemeinschaft haben, lachen, weinen, singen ...

Enttäuschungen, Sorgen und Herausforderungen sind Wegbegleiter in unserem Leben. Aber es kommt nicht darauf an, was uns passiert, sondern wie wir auf diese Ereignisse reagieren.

Seit ich weiß, dass ich ein Recht darauf habe, Gott „Vater“ zu nennen, erkenne ich sein Wirken immer mehr. Auch wenn diese Welt scheinbar im Chaos versinkt, leuchtet das Licht seiner Liebe immer stärker für uns. Daher werde ich mit meinem Dienst so lange weitermachen, wie Gott will.

Hilda Kaufmann, MSE-Trainerin

Einfach wunderbar:

geh! mehr

▶ Weißt du, wie wertvoll du bist?

Dein himmlischer Vater sagt viel Gutes über dich.

Du bist ...

Johannes 17,23:

Psalm 139,1:

Psalm 139,15:

Zefanja 3,17:

Jesaja 43,4:

Psalm 63,8:

Du bist wertvoll!

Das Tischgebet

Die Nachricht schockte unsere Region. Bei einem Verkehrsunfall verlor eine alleinerziehende Mama ihre kleine Tochter. Welch ein unfassbarer Verlust? Welch ein unbeschreiblicher Schmerz musste das für alle Angehörigen sein? Dieser Unfall beschäftigte mich sehr, wohl auch deshalb, weil es in unserer Familie vor Jahren auch einen schweren Unfall gegeben hatte, der unser Leben total veränderte.

Immer und immer wieder betete ich besonders für diese Mama. Was konnte ich tun? In meinem Herzen war klar, ich wollte helfen. Ich hatte aber keine Ahnung, wie. Eines Tages, wir saßen gerade am Mittagstisch und ich wollte Gott für das Essen danken, kam mir plötzlich die junge Mutter in den Sinn. So wurde aus dem geplanten Tischgebet ein ganz anderes. So ungefähr waren meine Worte:
„Guter Gott, ich weiß nicht, warum so viele schreckliche Dinge geschehen.
Ich vertraue aber dir und deinem Plan. Bitte segne die junge Mama, die ihre kleine Tochter verloren hat. Wir sind bereit zu helfen. Wenn es dein Wille ist, so soll sie zu Gast an diesem Tisch hier sein und auch durch uns deine Liebe erfahren."

Viele Wochen vergingen. Immer und immer wieder dachte ich an die Mama und betete für sie. Eines Tages stand sie plötzlich vor meiner Sportschule – eine Bekannte begleitete sie in unser Training. Es war unbeschreiblich, was ich empfand, als sie mit uns trainierte. Manchmal huschte sogar ein Lächeln über ihr Gesicht. Ja, sie fühlte sich wohl.

Kurze Zeit später lud ich sie zum Essen zu uns nach Hause ein. Sie folgte meiner Einladung. Da saß sie nun, genau an dem Platz, an dem ich einst für sie gebetet hatte, dass Gott sie an unseren Tisch führte. Es war unbeschreiblich. Sie war da. Mein Gebet wurde erhört, tja, und Gott selbst gab sich die Ehre und saß mit uns am Tisch ... wir fühlten es alle, es war einfach so.

Seit dieser Zeit sind wir Freunde geworden. Sie besucht unser Training und begleitet uns auf Projekte. Immer noch habe ich keine Antwort, warum dieser Unfall und viele andere schreckliche Dinge passieren. Aber ich vertraue auf Gottes

geh!

Es begann mit einem Gebet für einen unbekannten Menschen, seitdem sind sie Freunde geworden und sie ist immer wieder Gast an dem Tisch, an dem einst das Gebet gesprochen wurde.

▶ Mache es doch nach. Bete für Menschen, die du gar nicht kennst. Öffne deine Türen und halte einen Platz an deinem Tisch frei.

Wer immer dann auch kommt, der allmächtige Gott wird mit dir an deinem Tisch sitzen, garantiert!

mehr

▶ In Psalm 66,20 steht eine wunderbare Zusage.

Liebe. Diese Liebe Gottes und seinen Trost darf diese wunderbare Mama immer wieder neu erfahren.

Sie sagte mir einmal, sie wisse, dass ihre kleine Tochter nun bei Gott im Himmel sei. Sie ist in einem Zuhause, in dem es keine Schmerzen und kein Leid gibt, in einem Zuhause, in dem es ihr gut geht.

Ich habe oft keinen Plan, keine Worte, keinen Rat ...
Aber ich vertraue Gott, dem Vater; ich wüsste nicht, wem sonst.
Eines Tages werden alle, die ihn lieben, bei ihm Zuhause sein – dort, wo es keine Tränen und kein Leid mehr gibt.

Michael Stahl, Fachlehrer für Selbstverteidigung

Eric Clapton – Lied für seinen verunglückten, 4-jährigen Sohn:

Mallorca

Oft habe ich schon gedacht, ich sei zu jung um den Glauben zu leben, etwas zu bewirken oder mit den Menschen zu reden und meine Gaben einzubringen. Aber Jesus überrascht mich jedes Mal aufs Neue!

Diesen Sommer war ich mit einer Gruppe Jugendlicher auf Mallorca unterwegs, um am Ballermann mit Menschen ins Gespräch über unsere Beziehung zu Jesus zu kommen und für sie zu beten. Gott hat so viele Menschen zum Nachdenken und Weinen gebracht, weil sie von ihm berührt und von Schmerzen geheilt wurden.

Nach einem der Beach-Gottesdienste, die wir fast jeden Abend vor dem Megapark feierten, kam ich mit einem jungen Mann ins Gespräch. Schnell erzählte er mir, dass Gott ihm schon zweimal das Leben gerettet hatte. Dennoch konnte er es nicht richtig annehmen, dass Gott gut ist, ihn bedingungslos liebt und wertschätzt. In diesem Moment konnte ich die Sehnsucht Gottes nach uns Menschen und seinen Schmerz der Zurückweisung selbst fühlen. Der Mann war hin und her gerissen, sich unter einem Vorwand zu verabschieden oder mehr von der Erfüllung und Wertschätzung zu erfahren, nach der er sich sehnte.

Ich schreibe von dieser Begegnung, weil man die Veränderung während des Gesprächs in seinen Augen sehen konnte. Gott wirkte, ohne dass ich direkt für ihn gebetet habe – das ist für mich ein Wunder!

Wenn ich unterwegs bin, erzähle ich am liebsten von persönlichen Erlebnissen mit Gott und seinem Wirken in meinem Leben, das ich schon zu Beginn meines Einsatzes wieder einmal erfahren durfte.

Eine Woche vor der Abreise war ich beim Badminton-Spielen umgeknickt. Mein Fuß schwoll sehr an und färbte sich bunt, sodass ich nicht mehr richtig gehen konnte. Das hielt mich nicht davon ab, nach der Ankunft auf Mallorca mit meiner Gruppe zu einem Aussichtspunkt zu wandern. Es war aber ein großes Wunder, dass ich – trotz meiner Verletzung – den steilen und steinigen Weg überhaupt hinaufkam. Oben beteten alle für die Heilung meines Fußes.

Am nächsten Morgen wachte ich auf und konnte es nicht glauben – fast der ganze Bluterguss war weg. Die Ärzte rechneten mit 5-6 Wochen Genesung; tatsächlich war mein Fuß nach 2-3 Wochen schon wieder in Ordnung.

Durch dieses Erlebnis hat mir Gott gezeigt, dass ich mich nicht ablenken oder runterziehen lassen soll durch Gefühle, Nachrichten oder Situationen, die mich negativ beeinflussen, wenn ich mitten in einer erlebnissreichen und intensiven Zeit mit ihm bin. Ich gehe immer zuerst zu Jesus. Er stößt niemanden zurück. Ich bitte ihn, dass er mich neu füllt mit Liebe, Hoffnung, Geborgenheit und guten Gedanken. Jesus hat mich gestärkt, diese Liebe weiterzugeben. Sei es an die Menschen am Ballermann, die voller Sehnsucht nach Anerkennung suchen, oder an die anderen Leute um mich herum. Jesus hat so viel Liebe, dass sie überfließt und ich verschwenderisch damit umgehen darf.

Natalie Penka, Schülerin

geh!

▶ Es ist so einfach, mit Menschen ins Gespräch zu kommen – du kannst das auch!

Jesu Liebe scheint durch dich. Heute gibt es wieder eine Chance!

mehr

▶ Schwäche macht stark: 2. Korinther 12,9

Meine Schule der Gelassenheit

Meine fast blinde Mutter Hedwig wurde nach einer Pankreatitis zum Sterben nach Hause entlassen. Durch ihren eisernen Lebenswillen und eine Ernährungsumstellung durfte sie jedoch weitere 14 Jahre leben. Meine Lebenspläne lagen damit plötzlich „auf Eis“ und wurden durch eine 24-Stunden-Pflege abgelöst. Unwillig nahm ich mein neues Los an, obgleich ich spürte, dass diese Situation sehr geeignet war, aus der „Theorie in die Praxis“ zu kommen, was das Thema „Gelassenheit“ angeht. Hedwig und ich: Zwei Welten prallten aufeinander! Millionen pflegender Angehöriger geht es genau wie mir – und ich wusste, viele zerbrechen an der Aufgabe. Wie würde es mir ergehen?

Zudem stellte sich heraus, dass viele „Merkwürdigkeiten“, die mir schon lange aufgefallen waren, Symptome einer Demenz waren. Die Phase kam, in der Mutter alles versteckte, umräumte, Äpfel auf die Herdplatte legte und die ausgezogene Windel im Kühlschrank deponierte... Also wurden Sicherungen herausgeschraubt, Schränke abgeschlossen und alle Feuerzeuge und Messer entfernt.

Obwohl ich meinen Dienst verantwortungsbewusst ausübte, hatte ich Mutter gegenüber aggressive Gefühle. Zudem machte es mich sehr traurig, dass ihre „innere Festplatte“ kontinuierlich gelöscht wurde und sie mich nicht mehr erkannte. Durch eine sehr liebevolle Verwandte, die selbstlos ihre ebenfalls demenzkranke Schwiegermutter pflegte, wurde mir mein „Versagen“ noch bewusster.

Da teilte mir Gott zu meiner Verblüffung im Gebet mit, ich solle die Rolle dieser Verwandten „spielen“, um mich dadurch nicht so sehr mit den aggressiven Gefühlen zu identifizieren.

Das erstaunliche Ergebnis war eine kontinuierliche Veränderung meines Wesens. Ich wurde von einer rechthaberischen, kleinkarierten und auf Ordnung bedachten Person zu einem Menschen, der über die dementen Verrücktheiten meiner Mutter von Herzen lachen konnte. Wir beide blühten auf. Die Situation hatte sich nicht geändert – aber meine Einstellung.

Ich wurde einmal gefragt, ob es in meinem Leben noch Glücksmomente gäbe und ich antwortete nachdenklich: „Ja, wenn Mutter morgens gut auf dem Klo war!", und lachte über mich selbst. Ich stellte fest, dass ich durch die „Bürde", die mir das Leben so schwer machte, zu einem gelassenen Menschen wurde. So ist meine eigensinnige und mutige Mutter mir zu einer wahren „Lehrmeisterin der Gelassenheit" geworden. Das letzte Jahr hatten wir sogar eine zärtliche Beziehung, die uns zuvor niemals möglich gewesen war. Und wir haben viel gelacht ...

Es heißt: „Alle Dinge müssen denen, die Gott lieben, zum Guten dienen." Gott kann auch eine Demenz in „Dienst" stellen. Damit verliert sie ihre zerstörerische Macht. Ich habe es erlebt.

Brigitte Krause, Autorin „Das Elixier der Verwandlung – Vom Geheimnis des Leidens"

geh!

Wenn Gott eine Veränderung möchte, ist es immer zu deinem Besten, auch wenn es nicht danach aussieht.

- In wieweit darf Gott deine Pläne und Ziele verändern oder durchkreuzen?
- Lege Gott im Gebet deine Einstellungen hin.

mehr

- Nimm dir heute mal Zeit und lies diese spannende Geschichte: Jona 1-4.

Prima, um einfach mal ins Buch zu schauen.

Ich holte mir mein Lachen zurück!

Vielleicht kennst du das? Es gibt Kinder, die eine Freudenausstrahlung haben, sodass sogar fremde Menschen auf der Straße mit einem Lächeln darauf reagieren. Ich war so ein Kind, bis zu dem Moment, als das Leben mir sehr grausam mitspielte. Als ich fünf Jahre alt war, nahm meine Mutter meine Geschwister und mich mit ins Frauenhaus. Die folgenden Tage spürte ich immer mehr, dass etwas in mir zerbrach und ich mein von Herzen kommendes Lachen dauerhaft verlor.

Die Erinnerungen an damals sind noch sehr deutlich, und bis heute weiß ich noch, wie wir uns damals gefühlt haben. Meine Schwester war zu dem Zeitpunkt erst dreieinhalb Jahre alt, mein großer Bruder sechs Jahre. Für ihn war unsere neue Situation sogar so schlimm, dass er sich mit Selbstmordgedanken quälte. Es gelang ihm eines Tages abzuhauen und sich mitten auf die Straße zu legen – in der Hoffnung überfahren zu werden. Glücklicherweise wurde er noch rechtzeitig von Pädagogen des Frauenhauses entdeckt. Die starken Ängste und Schmerzen, die meinen Bruder schließlich zu seinem Handeln führten, bestimmten auch immer mehr mein Leben. „Was war plötzlich nur los? Wo ist mein Papa? Warum ist er nicht da?"

Immer wieder kreisten meine Gedanken um diese Fragen. Ich konnte doch nur Gutes über meinen Vater erzählen: Er war lieb und aufmerksam, nahm mich in den Arm, kämpfte gerne zum Spaß mit mir und war einfach meine Nummer eins in meinem Leben. Wir hatten so eine enge Beziehung zueinander, dass alles andere unwichtig war. Und plötzlich waren wir getrennt! Sollte mein Vater uns wirklich nicht mehr lieb haben? Ich war hin und her gerissen, dies glauben zu wollen.

Die Tatsache, dass wir von heute auf morgen mit meiner Mutter weggegangen waren, traf meinen Vater genauso überraschend und hart wie uns. Auch er durchlebte daraufhin eine sehr extreme und traurige Zeit. Auf Drängen meines Bruders, der nicht mehr bei unserer Mutter leben wollte, entschied ein Familiengericht, dass wir von nun an wieder bei unserem Vater leben durften. Ich bin meinem Vater sehr dankbar, dass er es alleine geschafft hat, uns Kinder großzuziehen. Doch das

monatelange Leben im Frauenhaus mit meiner Mutter, die Ungewissheit über den Vater, das Gefühlschaos usw. hatten bei mir Spuren hinterlassen. Als wir damals zurück zu unserem Vater kamen, fiel es mir schwer, mich ihm wieder zu nähern, mit ihm normal zu reden, ihm zu vertrauen, ihm wieder mit leuchtenden Augen entgegenzurennen und mich in seine Arme zu werfen. Zuviel war innerlich in mir zerbrochen und abgestorben. All das sollte meinen weiteren Lebensweg prägen. Ich geriet in den Täter-Opfer-Strudel: mal Gewalt, mal Einsatz für den Frieden, Unverständnis, Orientierungslosigkeit, Chaos, Lieblosigkeit oder Liebe weitergegeben und dann enttäuscht worden, Einsamkeit und dann doch wieder Halt gefunden, Rebellion mal gegen mich, mal gegen andere – mal war ich Täter, mal war ich Opfer.

Mit 14 Jahren war ich mit auf einer Konfirmandenfreizeit bei den „Fackelträgern" in der Klostermühle. Dort spürte ich bei einem Prediger einen großen Frieden, den er ausstrahlte und damit jeden Raum erfüllte. Ermutigt durch seine sehr angenehme Art von Jesus zu sprechen, traf ich dort die Entscheidung meines Lebens. Ich bat den Jesus, den man aus der Bibel kennt, in mein Leben zu kommen. Zum ersten Mal spürte ich das Leben auf eine ganz besonderen Art und Weise. Ich merkte, dass ich angenommen und sehr geliebt werde, dass ich Frieden und Heilung spürte. Als Kind starb etwas in mir, und dort bei dieser Freizeit wurde etwas Neues geboren.

Jetzt könnte man doch denken, warum kommt hier an dieser Stelle kein Happy End, so wie es bei einem Film der Fall wäre? Doch das Leben findet in einem Heilungsprozess statt, der erst einmal in Gang gesetzt werden muss. Stelle dir einmal Folgendes vor: Du bist mit einem Formel-1-Wagen (Jesus) unterwegs und würdest in jeder Kurve mit angezogener Handbremse (Vergangenheit) fahren, obwohl du genau wüsstest, dass du mit dem Auto richtig schnell in die Kurven fahren könntest. Ein Prediger meinte einmal, dass die Vergangenheit uns nicht an unserer Zukunft hindern sollte. Jesus wusste, was mich bremste und was ich benötigte, um Altes loszulassen und Neues zu beginnen. Deshalb lernte ich am Edersee besondere Menschen bei „Kirche unterwegs" kennen. Sie waren deshalb Besonderes für mich, weil sie in mir etwas erkannten, wofür ich am Anfang noch blind war. Im Laufe der Zeit legte ich meine Schutzmaske ab und öffnete mich diesen Menschen – ohne Ängste zu haben.

Dafür wurde ich sehr belohnt. Ähnlich war es damals bei Petrus. Er war der einzig Mutige, der aus dem Boot ausstieg und dafür eine besondere und einzigartige Erfahrung machen durfte.

Ich habe heute eine gute und liebende Beziehung zu meiner Mutter. Zu einer Frau, die stark geworden ist und nicht mehr weg geht, die sich sogar für andere Kinder einsetzt. Wie Petrus stieg auch ich aus dem Boot und kann heute mit Stolz meinen Vater und meine Mutter ehren. Somit holte ich mir mein Lachen wieder zurück und wurde wieder mit Freude gesegnet. Wer mich heute kennt, würde nie vermuten, dass ich mir einmal meine Freude am Leben habe nehmen lassen.
Heute habe ich verstanden, dass die Freude am Herrn unsere Stärke sein kann, wenn wir loslassen und Jesus gestatten zu wirken! Amen.

Ramon Zintel, Pädagoge

Zum Lachen:

geh!

Das Gute an der Vergangenheit ist, dass sie vergangen ist. Lebe im Jetzt und Hier und bereite heute das Morgen vor.

- Treffe die wichtigste Entscheidung deines Lebens:
  - Lass Jesus in dein Leben und erlebe, wie etwas Neues in dir geboren wird. Das Gebet steht auf Seite 123.
- Du hast die wichtigste Entscheidung schon getroffen?
  - Überlege, was sich zwischen dich und Gott geschoben hat, und wende dich davon ab. Du kannst wieder schneller durch die Kurven fahren!

mehr

- Lies, was Jesus dazu sagt: Johannes 3,1-5

Schneller als die Schlange erlaubt

Vor kurzem habe ich mir Gedanken darüber gemacht, dass Deutsche nicht so gern „Schlange stehen", z. B. an der Kasse. Wir sind da sehr ungeduldig und fangen schnell an zu jammern oder zu meckern.

Vielleicht sollten wir mal darüber nachdenken, beim nächsten Mal Schlange stehen Gott dafür zu danken, statt zu jammern. Doch oft ist es einfacher, etwas zu wissen, als es dann umzusetzen.

Einen Tag später wurde der Gedanke praktisch. Ich ging in einen Laden und wollte mir dort Latte-Macchiato-Pads kaufen. Nun noch schnell bezahlen und dann wieder nach Hause, dachte ich. „Schnell" war an dieser Stelle aber eher relativ. Als ich an der Kasse ankam, war sie voll. Außerdem stand vor mir eine Dame, die wohl gleich für die ganze Woche eingekauft hatte. Nun stand ich da, mit meinem Latte Macchiato.

Innerlich wollte ich schon dazu ansetzen, mich total darüber aufzuregen, warum denn hier mal wieder nur eine Kasse offen hat. Doch dann kam plötzlich der Gedanke: Gestern hatte ich doch noch geschrieben, dass wir nicht so ungeduldig sein und soviel jammern sollten, wenn wir mal wieder an einer Kasse stehen. Ich erinnerte mich daran, wie ich andere dazu aufforderte, in so einer Situation Gott zu danken, statt zu jammern.

Nun gut, dachte ich mir. Innerlich dankte ich Gott einfach einmal dafür, nun in dieser Schlange zu stehen. Kaum hatte ich meinen Satz beendet, erblickte mich die Dame vor mir mit meinem Latte Macchiato in der Hand und fragte: „Möchtest du nicht einfach vorgehen?"

Ähhhh, was? Ich antwortete: „Ja, gerne!"
Innerlich war ich total perplex und musste herzhaft lachen.

Gina Lippert, Bloggerin, www.meetingjesus.de

So ist es:

Du kommst nicht immer sofort durch die Kasse, wenn du dich bei Gott bedankst. Aber es lohnt sich, die oft gehörte Theorie praktisch umzusetzen.

▶ Heute probiere ich aus:

▶ Und ich schaue, wie Gott handelt!?

▶ Hier steht einiges über Worte und das Hören: Markus 4,1-9 und 13-20

Unvergleichlich dankbar

Es war 2011, als ich mit 39 Jahren die Diagnose Gehirntumor erhielt. Seitdem wurde ich zwei Mal operiert und bekam 8 Zyklen Chemotherapie. Ich habe seitdem die gesamte Gefühlspalette durch.

Nun, aktuell, frisch nach dem August-Urlaub 2015, den wir zumeist mit viel Regen und 16-18 Grad genießen durften, während in Deutschland Hochsommer mit 40 Grad war, habe ich zu meinem Alltag folgendes Statement zu bieten: Gott, Dankbarkeit und „Gönnenkönnen" stehen auf der einen Seite des Lebens. Vergleichen, Missgunst und „Durchdrehen" auf der anderen Seite.

Ich kann Gott nur immer wieder danken, dass er mir in all dem die Schönheit des Lebens aufzeigt, dass ich dankbar sein kann, dass ich aus Stunden der Not, Trauer und Angst von ihm herausgezogen werde und dass ich anderen Menschen alles gönnen kann, inklusive Gesundheit.

Denn man sieht es am Vergleich des Wetters: Hätte es überall geregnet, hätten alle Menschen es gut akzeptieren können. In dem Moment, da man erfährt, dass es zu Hause heiß und sonnig ist, fängt ein gewisser Frust zu brodeln an.

Und so ist es auch bei einer Krankheit. Würden alle Menschen etwa mit 40 einen Tumor bekommen, wäre es eben normal. Aber man weiß, dass andere Menschen

80 werden und bis dahin gesund bleiben. Es fängt automatisch ein Vergleichen an, weil man diese anderen Lebensgeschichten kennt.

Ich habe natürlich meinen Frust durchlebt. Habe Rotz und Wasser geheult bei der Vorstellung, einmal keine Oma sein zu können, die auf der Parkbank sitzt und ihren Enkelkindern beim Spielen zuschaut. Doch Gott zeigt mir, dass ich mit solchen Gedanken das Hier und Heute wegwerfe. Gott allein kennt meine Zukunft. Er kennt meine Wünsche, Sehnsüchte und Träume. Er versteht alles, was ich ihm hinwerfe. Er sagt zu mir: Vertraue.

Dankbar bin ich dafür, dass ich meine Lebensfreude nicht verloren habe. Dass ich verstehe, dass auch Schweres zum Leben gehört. Dass ich akzeptieren kann, was mir widerfährt. Ich habe eine gewisse Gelassenheit geschenkt bekommen, das Leben so zu nehmen, wie es ist. Gott hat mir Humor geschenkt und ihn mir bis heute nicht weggenommen. Im Alltag kann ich die kleinen Dinge des Lebens mehr als wertschätzen. Das Lächeln meines Sohnes. Die Hand meines Mannes. Die Postkarte einer Freundin. Den Vollmond bei Nacht. Einen neuen Tag. Ein spannendes Buch.

Die Wörter der Bibel werden erfahrbar. Durch Sorgen kann man das Leben nicht verlängern. Aber durch Liebe und Gottvertrauen sicher intensivieren.

Sandra Zöller, Mama und Hausfrau

Musik für die Gebetszeit:

geh!

▶ Gibt es Lebensbereiche, die andere besser hinbekommen als du?

Geh hin, drück deine Bewunderung aus und hol dir Tipps! Sei dankbar!

mehr

▶ In Philipper 4,6 wird Gott mit einbezogen.

Mein großer Diebstahl und seine Folgen

Als ich 14 war, kam ein älteres Ehepaar, weit entfernte Verwandtschaft meiner Mutter, aus Argentinien zu uns zu Besuch. Sie wollten in Deutschland Erbschaftsangelegenheiten klären. Bevor sie wieder abreisten, stahl ich aus ihrem Koffer knapp 2.000 DM.

Schlagartig reich, wusste ich nicht, was ich mit dem Geld machen sollte. Ich konnte mir nichts davon kaufen, meine Mutter hätte mich sofort gefragt, woher ich das Geld hatte. Ich hatte Geld, konnte es aber nicht ausgeben. Durch meine konfliktreiche Kindheit war ich immer raffinierter geworden, und so kam ich auf die Idee, das Geld bei der Polizei abzugeben. Ich besorgte mir ein altes Portemonnaie, suchte ein paar alte Fahrkarten und gab dann alles beim Ordnungsamt in Kassel ab, mit dem Hinweis, ich hätte die Geldbörse vor dem Hauptbahnhof gefunden. Ich wusste, dass im Fall einer Nichtabholung der Finder den gefundenen Gegenstand nach einem Jahr abholen und behalten durfte. So bekam ich nach einem Jahr ein Schreiben von der Polizei Kassel, dass ich mir das Geld abholen könne. Die Polizei war so beeindruckt von mir, dass sie einen kleinen Artikel in der Zeitung veröffentlichte (siehe rechts).

Kurze Zeit danach trat ich in einen Leichtathletikverein ein. Da passte mein „gefundener" Geldregen wunderbar. Einen Teil des Geldes benutzte ich, um mir teure Spikes, Trainingsanzüge und andere Sportartikel zu kaufen. Den Rest legte ich auf ein Sparbuch.

Drei Monate später blieb ich dann zum dritten und letzten Mal sitzen. „Arno Backhaus hat die Schulpflicht erfüllt" war damals der beste Satz, den je ein Zeugnis von mir enthielt. Nie mehr zur Schule (dachte ich), endlich befreit! So ging ich in der 8. Klasse ohne Abschluss von der Schule.

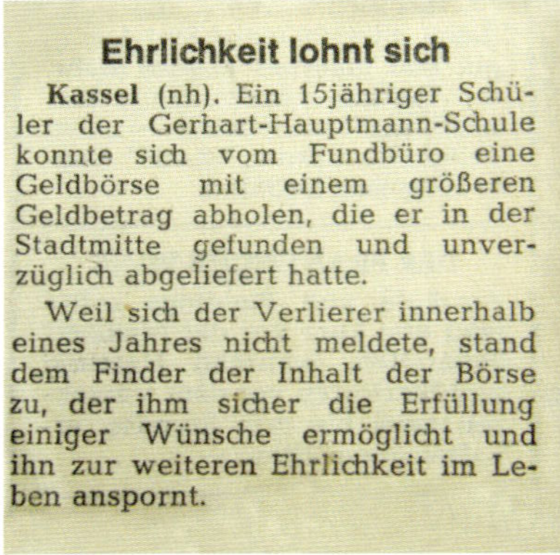

Ehrlichkeit lohnt sich

Kassel (nh). Ein 15jähriger Schüler der Gerhart-Hauptmann-Schule konnte sich vom Fundbüro eine Geldbörse mit einem größeren Geldbetrag abholen, die er in der Stadtmitte gefunden und unverzüglich abgeliefert hatte.

Weil sich der Verlierer innerhalb eines Jahres nicht meldete, stand dem Finder der Inhalt der Börse zu, der ihm sicher die Erfüllung einiger Wünsche ermöglicht und ihn zur weiteren Ehrlichkeit im Leben anspornt.

Nach der großen Schulbefreiung gammelte ich drei Monate herum, bis mein Vater mir den Vorschlag machte, an einer christlichen Freizeit in einer Jugendherberge in der Nähe von Kassel teilzunehmen. Aus lauter Langeweile sagte ich zu.

Am ersten Abend der Freizeit passierte dann etwas, das mein Leben auf den Kopf stellte. Ich war in einem Achter-Zimmer untergebracht und auch der Leiter der Freizeit war bei uns einquartiert. Kurz vor dem Schlafengehen fragte er, ob wir nicht Lust zum Wettrülpsen hätten. Das fand ich natürlich cool. Wir hatten jede Menge Gaudi und „Männerspaß". Nach etwa 20 Minuten aber sagte der Leiter auf einmal: „Jetzt haben wir genug Scheiß gemacht, jetzt wollen wir den Abend langsam ausklingen lassen und noch gemeinsam beten." Ich dachte, mir fällt die Kinnlade herunter. Erst rülpsen die, dann beten die. Dieses Christsein war so viele Lichtjahre von dem Christsein entfernt, das ich bisher zu Hause kennengelernt hatte. Hier schien alles anders zu sein. Meine Vorurteile brachen wie ein Kartenhaus zusammen.

Gott öffnete den Vorhang vor meinem inneren Auge; mir wurde auf einmal klar, was sich in der Vergangenheit an Schuld in mir angesammelt hatte. Allerdings hatte ich ein großes Problem. Was, wenn ich Christ werde und mir das alles zu eng, komisch oder peinlich wird? Kann ich da wieder aussteigen? Der Freizeitleiter machte mir klar, dass ich jederzeit wieder aussteigen könne und ich ging das Wagnis ein und bat „diesen Jesus", mir meine Schuld zu vergeben. In dem Bereich hatte ich einiges auf dem Kerbholz! Ich betete zum ersten Mal in meinem Leben ehrlich und lud diesen Jesus ein, in mein Herz zu kommen und mein Wesen zu verändern. In diesem Moment habe ich Jesus fast körperlich erfahren. Ich habe plötzlich gewusst, das stimmt doch alles mit Gott. Ich konnte schlagartig glauben! Gott öffnete den Vorhang vor meinem inneren Auge, mir wurde auf einmal klar, was sich in der Vergangenheit an Negativem und an Schuld in mir angesammelt hatte. Ich heulte vor Scham und Trauer über mich. Und gleichzeitig heulte ich vor Freude, Glück, Befreiung und Begeisterung. Jesus hatte mir meine Schuld abgenommen. Es kam mir vor, als ob ich einen riesigen Betonklotz in meinem Rucksack gehabt und seit meiner Geburt mit mir herumgetragen hätte, den Jesus mir jetzt „einfach" von meiner Schulter genommen hatte. Diese Erleichterung und Befreiung kann ich noch heute fast körperlich nachempfinden.

Als ich nach dem Gebet zum Spazierengehen und Nachdenken rausging, kam es mir vor, als ob ich die ganze Welt mit neuen Augen sehen würde. Ich war neu geboren, wie die Bibel sagt, und es war einfach ein Wahnsinn! Alles sah plötzlich anders aus, die vorbeifließende Weser, die Bäume, die Häuser, alles. Dieses Gefühl lässt sich nicht beschreiben – bis heute nicht.

So räumt Jesus auf.

Meinen Eltern erzählte ich nichts von meiner Entscheidung. Die Sache war mir zu persönlich. Ich hatte ja nie ein vertrauensvolles oder freundschaftliches Verhältnis zu ihnen gehabt. Außerdem wollte ich von ihnen nicht als der Brave und Reumütige angesehen werden, nach dem Motto: „Endlich ist er vernünftig geworden." Ich war ja nur Christ geworden, nicht lieb. Ich wusste, sie würden sich freuen, wenn sie hörten, dass ich Christ geworden war. Sie erfuhren es dann später von anderen. Von meinem Vater habe ich einen Ausdruck der Freude in Erinnerung, von meiner Mutter nichts. Aber sie hielt mir bei jeder Kleinigkeit vor: „Und du willst Christ sein?"

Da war es gut, dass ich in die Jugendgruppe eingebettet war, die auch die Freizeit durchgeführt hatte. Ich besuchte regelmäßig die Gruppenstunden und gehörte bald zum Mitarbeiterkreis. Wir nannten uns „Jugend 67".

Wir trafen uns in Meimbressen, einem kleinen Dorf etwa 15 km von Kassel entfernt, meinem heutigen Zuhause. Dort wohnten die meisten Mitarbeiter und dort erfuhr ich meine erste starke Prägung als Christ. Viele meiner Charakterzüge haben dort ihre Wurzeln: weltoffen, leicht verrückt-missionarisch, seelsorgerlich-kommunikativ, humorvoll. Es wurde viel geredet und nichts unter den Teppich gekehrt. Der Jugendkreis war immer etwas experimentell, wir probierten Neues aus, überschritten manchmal auch Grenzen, die eigentlich keinen Sinn ergaben. Das Leitungsteam, dessen Kern von den Baptisten kam, hatte immer ein überkonfessionelles Bewusstsein und lebte mehr unbewusst als bewusst nach dem biblischen Prinzip: „Prüfet alles, das Gute behaltet."

Durch unsere Jugendgruppe, aber auch durch die Baptistengemeinde, in die meine Frau und ich nach unserer Hochzeit gemeinsam gingen, waren wir motiviert, unseren Glauben praktisch werden zu lassen. Wir kümmerten uns um Menschen am Rand der Gesellschaft wie Obdachlose und Drogenabhängige. Wir boten Jugendlichen, die aus dem Knast kamen und keine Wohnung, Arbeit oder Geld hatten, unsere Wohnung als Übergangsbleibe an und gingen mit ihnen auf Arbeitssuche. Diese private Sozialarbeit war überaus spannend, aber oft auch sehr frustrierend.

Nach dem erfolgreichen Abschluss meiner dreijährigen Lehre als Großhandelskaufmann hatte ich die Firma verlassen, um eine weiterführende Schule zu besuchen. Etwa zwei Jahre danach meinte ich – ohne nachgesehen zu haben –, dass ich nun endlich genügend Geld im Sparschwein haben müsste, um den durch meine Diebstähle verursachten Schaden zu begleichen. Ich schrieb an meinen ehemaligen Chef, dass ich, als ich noch in seiner Firma eine Lehre machte, etliche Artikel mitgenommen hätte und diese nun gerne bezahlen wolle. Ich bat um Vergebung und um das Konto, auf das ich den Betrag überweisen sollte. Insgesamt hatte ich Waren im Wert von etwa 1.500 DM mitgehen lassen. Trotzdem dachte ich, das Ganze ließe sich ohne persönliche Kontakte regeln, von Bank zu Bank.

Leider berief mich mein ehemaliger Chef aber ein und holte sich einige Vertraute aus der Chefetage dazu, um das Ganze von Angesicht zu Angesicht mit mir zu klären.

Es fiel mir sehr schwer, in das große Büro einzutreten. Sie zeichneten das Gespräch mit einer Videokamera auf. Ich gestand, was ich getan hatte und bat noch einmal um Vergebung. Die Herren glaubten mir nicht, dass ich ein Einzeltäter war, und wollten wissen, wer meine Komplizen seien. Ich versicherte ihnen, dass es keine Komplizen gebe und ich viel zu raffiniert sei, um das Risiko von Komplizen einzugehen.

Trotzdem blieben sie hart und sagten, sie müssten mich anzeigen, wenn ich ihnen die Namen nicht nennen würde. Als sie merkten, dass ich darauf beharrte, allein gehandelt zu haben, glaubten sie mir schlussendlich doch und zogen die Anzeige zurück.

Nach dem Gespräch zog mein früherer Chef seinen Taschenrechner heraus und rechnete aus, wieviel Zins und Zinseszins der Betrag erbracht hätte und nannte mir einen Betrag, den ich überweisen sollte. Es war mehr, als ich gedacht hatte, aber ich sagte mir selbst, dass es meine Schuld war und ich die Konsequenzen nun tragen musste. Am nächsten Tag holte ich mein Sparschwein vom Schrank herunter, öffnete es und – es war leer. Einer der Drogenabhängigen oder einer der Typen aus dem Knast, die bei uns gewohnt hatten, hatten leichtes Spiel gehabt. So ging ich zur Bank und beantragte meinen ersten Kredit, mit dem ich dann das gestohlene Geld zurückzahlte.

Etwa zur gleichen Zeit schrieb ich einen Brief an unsere Verwandtschaft in Argentinien, ich hätte ihnen damals ein paar Tausend Mark gestohlen und wolle das Geld gerne zurückschicken. Ich bekam eine Antwort, die mich sehr beschämte. Die Verwandte schrieb, dass sie wusste, dass ich der Dieb war, und sie nur zum Schutz meiner Mutter nichts verraten hatte. Sie schrieb weiter, dass sie nie reich waren, sich viel Geld ansparen mussten, um überhaupt nach Deutschland kommen zu können. Ihre erste Erfahrung in Sachen Geld hier war mein Diebstahl. Dann erfuhren sie in einer der entsprechenden Behörden, dass ihnen keine Erbschaft zustand (was bedeutete, dass sie die Fahrt nach Deutschland umsonst gemacht hatten). Als sie zurückreisten, stahl ihnen jemand auf dem Schiff auch noch das restliche Geld. Als ich das las, war ich betroffen und beschämt. Ich war einer aus der Diebstahlskette.

Umso glücklicher war ich, dass ich es ihnen gebeichtet hatte und ihnen das Geld und einiges mehr zuschicken konnte – „Zins und Zinseszins", auch wenn sie das nicht eingefordert hatten.

Arno Backhaus, Liedermacher, Autor, Aktionskünstler, „E-fun-gelist", „Missio-Narr", Kaufmann, Sozialarbeiter, www.arnobackhaus.de

geh!

- In welchem Bereich hast du etwas auf dem Kerbholz?
- Welche Dinge sollst du bereinigen?

Verschiebe sie nicht auf morgen, fange heute damit an. Es entlastet dich!

mehr

- Der Typ hat eine ganz ähnliche Geschichte: Lukas 19,1-10

Gott erhört jedes Gebet

Es läuft mittlerweile die 82. Spielminute und es steht immer noch 0:0. Für mich persönlich läuft das Spiel bisher ganz gut, doch im Fußball kann man sich davon leider nichts kaufen. Es zählen nur Tore und Siege. Es gibt nochmal Einwurf nahe am gegnerischen Tor. Aber anstatt mich freizulaufen um den Ball zu fordern, mache ich etwas, das ich vorher noch nie während einem Spiel gemacht habe. Ich bleibe stehen, schaue zum Himmel, strecke meine Arme und bete zu unserem Herrn: „Lieber Gott, ich weiß nicht, ob es richtig ist, für so etwas zu beten, doch ich versuche es trotzdem. Lass mich jetzt bitte nicht umsonst genau hier stehen und belohne meinen Aufwand. Aber nicht, was ich will, sondern was du willst, soll geschehen."

Nur einen Augenblick später springt der Ball direkt vor meine Füße, ich nehme ihn an, umdribble meinen Gegenspieler und schieße ... danach sehe ich nur, wie das Netz zappelt und meine Mitspieler ihre Arme in die Luft reißen. Zum Jubeln rutsche ich mit den Knien zur Eckfahne und strecke meine Finger nach oben, denn alle sollen sehen, wem ich das Tor zu verdanken habe. Am Ende gewinnen wir das Spiel sogar mit 2:0 und ich bin überglücklich. Doch das sollte noch nicht alles gewesen sein. Nach dem Spiel kommt ein älterer Mann auf mich zu. Von Weitem konnte ich nur den Mercedesstern und das Wappen der deutschen Nationalmannschaft erkennen. Er beglückwünschte mich zum siegreichen Spiel und zu meiner guten Leistung. Ich konnte es nicht fassen, dass ausgerechnet zu diesem Spiel ein Sichtungstrainer für die deutsche U17-Nationalmannschaft vor Ort war. Für viele nur Glück, Zufall oder Schicksal, für mich ein Wunder Gottes, denn nur 2 Tage später wurde ich für den Kader der anstehenden U17-EM in Slowenien nominiert.

Nun bin ich 20 Jahre alt, spiele bei der bei U23 von Schalke 04 und habe es dank Gott geschafft, mein Hobby zum Beruf zu machen. Doch dieses Erlebnis mit Gott hat mir gezeigt, wie groß, mächtig und aufmerksam unser Herr ist. Denn es ist egal, ob gleich ein wichtiges Gespräch mit dem Chef ansteht, ob du aufgeregt auf die Mathearbeit wartest, ob du einsam zu Hause sitzt oder ob du mit voller Konzentration und Adrenalin auf dem Fußballplatz stehst – Gott erhört jedes Gebet.

Christian Mauersberger, Fußballprofi U23 Schalke 04, Deutscher Ex-Junioren-Nationalspieler

geh!

▶ Formuliere heute in jeder Situation, die voll Unzufriedenheit ist, eine klare Bitte an Gott.

Freu dich über sein Eingreifen.

mehr

▶ Etwas zum Thema steht auch in Markus 11,24

Gewitter, Wasser, Wellen, Angst

Im Sommer war ich zum ersten Mal als Mitarbeiterin mit auf einem CVJM-Jungscharlager. Es war total aufregend. Ein Mädchen im Zelt hatte riesige Angst vor Gewittern. An einem Abend sollte es laut Wetter-App gewittern. Die Kleine kam in der Nacht weinend und zitternd zur Mitarbeiterbesprechung. Ehrlich gesagt, wusste ich nicht, was ich wirklich tun konnte. Ich habe sie getröstet und ihr gesagt, dass Gott der Herr ist – auch über das Wetter. Wenn er möchte, dass es gewittert, gewittert es. Wenn nicht, dann nicht. Und selbst wenn es passiert, ist er trotzdem da und lässt sie nicht alleine. Sie weinte immer noch und meinte, dass sie selbst nicht wisse, warum sie Angst davor habe. Ich verstand. Es gibt Dinge, vor denen wir unbegründet Angst haben. Ich habe ihr dann erklärt, dass ich zum Beispiel Angst vor großen Menschenmengen habe. Obwohl ich weiß, dass ich überlebe, wird mir schwindelig und schlecht. Die Angst sollte nicht da sein. Wir hatten beide so unseren Punkt, an dem wir unbegründet Angst bekamen. Ich fragte sie, ob sie die Geschichte kennt, in der Petrus auf dem Wasser läuft. Sie schniefte und sah mich an. „Kann sein", sagte sie. Ich musste lächeln. Ich erklärte ihr, dass dies eine meiner Lieblingsgeschichten ist. Die Jünger waren mit dem Boot unterwegs.

Auf einmal kam da jemand auf dem Wasser angelaufen. Sie hatten riesige Angst. Petrus traute sich ja dann aus dem Boot, erschrak aber, als er die hohen Wellen sah. Er schrie: „Jesus, hilf mir!“ Sofort streckte Jesus seine Hand aus. Er wartete nicht, bis Petrus fast ertrunken wäre. Das Mädchen wurde immer ruhiger.
Es begriff, die Wellen sind die Angst. Wir haben noch gemeinsam gebetet.
In dieser Nacht konnte sie gut und ruhig weiterschlafen.

Auch bei anderen Anlässen beteten wir. Ich dachte schon, die Kinder seien vielleicht genervt, dass ich wegen allem beten wollte oder immer Gott mit einbezog. Als ein Kind jedoch im Laufe des Tages auf die Hand fiel und ins Krankenhaus musste, setzten sich die Kinder in einen Kreis und beteten für das Kind. Es war so herzerwärmend zu sehen, wie sie sich in solch einer Situation an den allmächtigen Gott wandten. Die Losung am ersten Tag des Camps war: „Frage doch zuerst nach dem Herrn.“ Das habe ich mir zu Herzen genommen und war überrascht, wie viel er möglich macht.Tiefen Schlaf und viel Kraft. Das war so gut. Gott ist so gut! Es war so eine coole Zeit!

Melina Lerch, Auszubildende

Das tut so gut:

▶ Welche Angst hast du?

▶ Was würde dir helfen, diese Angst anzugehen?

Nimm die Hilfen an, trau dich und setze sie um!

▶ Lies doch mal Matthäus 14,22-33, als Petrus übers Wasser geht.

Offene Augen

Männertage finde ich klasse. Man kann entspannt reden, man ist ehrlich und direkt. Ungefähr so wie in meinem Männerhauskreis. Die Themen sind genau für Männer gemacht. Bei diesem Männertag ging es um „offene Augen". Gottes Allgegenwärtigkeit ist um uns allerdings selten sichtbar. Man kennt das aus der Bibel, wenn Engel mit Botschaften zu Menschen kommen und „Fürchte dich nicht!" zu ihnen sagen. Der Referent bietet an, für Einzelne persönlich um „offene Augen" zu beten. Ich bin dabei, und dann passiert ... nichts.

Der Tag geht weiter, Mittagspause, spannend auch der zweite Teil. Ende.

Ich fahre heim. Bekannte Strecke. Auf einmal links und rechts der Straße helle große Gestalten: Engel. Ich bin geschockt, was wird hier passieren, dass Gott so viele Engel mobilisiert? Ich bremse scharf und erwarte Schlimmes. Aber Gott spricht: „Klaus, bleibe ruhig, nichts wird passieren. Das zeige ich dir, damit du weißt, dass ich meine Engel an deinen Weg stelle, um dich zu bewahren."

Ich bin sprachlos.

Klaus Schlotterer, Maschinenbautechniker, Bauchredner

geh!

Engel sind dienstbare Geister.

- Bist du dir der Anwesenheit von Engeln bewusst?
- Mach dir heute bewusst, wo Gottes Engel dir dienen!

mehr

- Eine tolle Zusage steht in Psalm 91,11-12

Verlange nichts – bekomme alles!

Gott richtet sich nicht nach deinen Wünschen und ehrgeizigen Vorstellungen. Gott liebt dich bedingungslos und möchte die Leere und das Getriebensein in dir durch Sinn und Erfüllung ersetzen. Das rastlose Suchen und Bespaßen-Lassen hat sofort ein Ende, wenn du Gott in dir trägst. Denn du bist ein Teil von Gott. Du bist göttlich und dein Leben wurde dir geschenkt, weil du ein göttliches Leben führen sollst. Vieles verstehst du jetzt noch nicht, was dir jetzt „zustößt". Du hast viele offene Fragen und keine Antworten. Frage keine Menschen um Rat, frage Gott. Er kennt alle Antworten.

Vertraue und glaube, heißt die Zauberformel. Erschaffe Frieden und Ruhe um dich herum. Spüre die heilige Kraft Gottes. Gib alles Schwere, Erdrückende und Belastende an Jesus ab. Er trägt es für dich, denn dafür starb er am Kreuz. Beobachte ständig deine Gedanken. Sei dir deiner selbst bewusst und erlaube dir nur liebevolle, friedvolle Gedanken zu denken. Sei achtsam! Gib Deine Angst ab. Du brauchst sie nicht.

Gott zu hören, müssen wir lernen; es wurde uns nie beigebracht. Lass alles los. Lege deine Zukunft in die Hände deines Papas, der dich über alles liebt. Gottes Wille geschehe. Nicht der deine. Gott führt dich zu deiner Bestimmung. Vertraue dich ihm liebevoll an und du bekommst alles, was du in diesem Leben brauchst.

Simone Langendörfer, Rednerin, Burn-out-Expertin, Mentalcoach

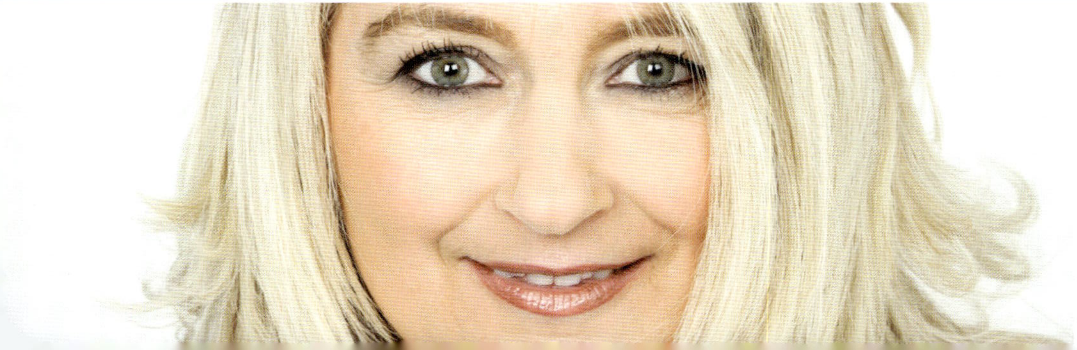

Gott spricht zu dir:
Du bist wunderbar!

▶ Denkst du gute Gedanken über dich?

▶ Was kannst du gut? Mindestens 5 Stärken:

Sage einer anderen Person, was sie gut kann.

▶ Achte auf deine Gedanken, denn sie haben Macht: 2. Korinther 10,5

Die Schlüsselszene

Mit meinem Freund Daniel betreibe ich auf unserer rund 1,5 Hektar großen Weide einen kleinen Streichelzoo für Kinder. Vor allem in der nassen Jahreszeit benötigen wir an den Eingängen des Streichelzoos eine große Menge an Rindenmulch, sodass die Kinder auf dem nassen Gras nicht ausrutschen können.

So haben wir auch im Februar einen 7,5-Tonnen-LKW organisiert, um Rindenmulch zu holen. Nach dem Abkippen fingen Daniel und ich an, die große Menge an Rindenmulch mit der guten alten Schippe an den Eingängen zu verteilen. Stell dir mal den riesengroßen Berg vor!

Als ich nach einer Stunde wieder Zuhause war, stellte ich fest, dass mein Autoschlüssel nicht mehr da war. Ich erzählte aufgeregt meiner Frau Conny von dem verlorenen Autoschlüssel. Ich erklärte ihr auch, dass ich den Schlüssel nicht suchen werde, da es sich sowieso nicht lohnen würde. Wie soll man auch einen kleinen schwarzen Schlüssel in mehreren Tonnen Rindenmulch wiederfinden? Das ist ausgeschlossen, ausweglos und unmöglich!

Kurz darauf ging Conny aus dem Haus und kam nach wenigen Minuten mit dem Schlüssel in der Hand wieder zurück. Mit offenem Mund und großen Augen starrte ich zuerst den Schlüssel und dann sie an.

„Wie hast du das gemacht?“, fragte ich sie.

Conny antwortete, sie habe Jesus im Gebet um das Auffinden des Schlüssels gebeten. Als sie auf dem Gelände des Streichelzoos stand, leuchtete ein kräftiger aber kleiner Sonnenstrahl auf eine Stelle der Weide. Sie ging an diese Stelle und fand genau dort oben auf dem Rindenmulch liegend den kleinen Autoschlüssel. Sie hatte nicht einmal suchen müssen. Gott sei Dank! Der Schlüssel war wieder da!

Es war der Hammer! Für Gott ist nichts unmöglich, er kann uns und auch dir wirklich in aussichtslosen Situationen helfen. Es lohnt sich, mit ihm Kontakt zu haben, ihm zu vertrauen und ihn zu fragen!

Das durfte auch ich wieder neu lernen! Auf Gott zu vertrauen lohnt sich!

Maik Syring, Polizeibeamter

geh!

Unser Alltag ist voller Wunder Gottes.

- Bring Gott eine konkrete Bitte vor und bitte ihn um offene Augen, damit du sein Handeln sehen kannst.

Ganz gleich, ob große oder kleine Bitten, Gott wird handeln.

mehr

- Das sagt Jesus jedem zu, der sucht: Matthäus 7,7-11

Himmlische Medizin

Es war einer der vielen Alltage. Die Praxis war voll mit Jugendlichen, Kindern und deren Eltern. Es galt, jedem die Hilfe zu geben, die er benötigte, und das Ganze im 5-10-Minutentakt, 10 Stunden am Tag. Hierbei bin ich nicht selten dankbar, wenn ich nur eine physischen Erkrankung therapieren muss, da diese meist mit Medizin rasch und gut zu heilen ist. Doch oftmals kommen über die Hälfte meiner Patienten mit psychischen Problemen zu mir. Angst und Bindungsstörungen sowie soziale und emotionale Verhaltensstörungen sind hierfür nur einige Beispiele, welche immer mehr die Seelen der Kinder und Jugendlichen wie ein bösartiger Tumor zu infiltrieren scheinen.

Hier erlebe ich das krasse Gegenteil von dem, was Jesus Christus für jeden einzelnen Menschen mit dem Preis seines Lebens erworben hat: „Es ist erschienen die heilsame Gnade Gottes" (Titus 2,11). Ganzheitlich heil zu werden und heil zu sein, ist das erklärte Therapieziel Gottes mit jedem seiner Geschöpfe. Da ich über diese erlebte heilsame Gnade Gottes begeistert bin, drängt es mich an jedem Tag neu, diese „Medizin" auch in meiner Praxistätigkeit zu „verabreichen". Hierbei macht mir besonders Mut, dass Jesus das tun will und kann, was für uns Menschen, für uns Ärzte, unmöglich ist, nämlich Herzen zu verändern. Damit ich diese Art von Medizin gezielt weitergeben kann, bete ich zusammen mit meiner lieben Frau vor Praxisbeginn um seine Führung, um Sensibilisierung für die Patienten, welche für „himmlische Medizin" empfänglich sind. Es bleibt dann spannend, wie auf einmal die leise Stimme des Heiligen Geistes mich in all dem Baby- und Kindergeschrei durch Impfungen und Blutabnahmen, Husten, Schnupfen und Erbrechen plötzlich innehalten lässt.

So z. B. bei einer 13-jährigen Teenagerin, die mit ihrer Mutter an einem sehr frequentierten Nachmittag zu mir in die Praxis kam und mir offenbarte, dass sie seit mehreren Jahren von schlimmen Alpträumen geplagt wird. Bereits im Gespräch mit ihr ahnte ich schon, dass eine Lösung nicht einfach sein würde. Beim Suchen nach einer passenden Strategie fiel mir unmittelbar meine eigene Geschichte ein.

Auch ich hatte als älteres Kind Alpträume und jahrelange Ängste. Durch ein Gebet erlebte ich damals sofortige Befreiung. Plötzlich hörte ich leise aber unmissverständlich die klare Stimme des Heiligen Geistes: „Biete ihr ein Gebet an! Gib weiter, was du erlebt hast!“ Sollte ich es wirklich tun? Im Bruchteil von Sekunden bombardierten hunderte Gedankensplitter meinen Verstand mit dem, was alles schief gehen könnte. Und überhaupt, hatte ich richtig gehört? Meine Herzfrequenz stieg. Doch ich war mir sicher, die Stimme in meinem Herzen war unverkennbar: leise, ermutigend und stetig. Nach außen hin ruhig, innerlich jedoch auf Hochspannung (wie so oft bei Ärzten) legte ich nach einem kurzen medizinischen Einstieg demonstrativ mein Stethoskop zur Seite und erzählte ihr dann von meiner Geschichte und endete mit dem Angebot eines Gebets. Das Mädchen war sicherlich sehr überrascht, von ihrem Doktor solch ein „Therapieangebot“ zu bekommen, stimmte diesem aber zu. Dies wiederum überraschte mich, wie unkompliziert und schnell sie und ihre Mutter meinen Vorschlag bejahten. Gesagt, getan. Nach ca. 12 Wochen erzählte mir das Mädchen in meiner Praxis, dass sie nicht mehr von ihren Alpträumen verfolgt würde. Wow, danke an unseren Gott!

Dr. med. Martin Elsner, Facharzt für Kinder- und Jugendmedizin

geh!

Du wirst heute vielen Menschen begegnen.

- Frage Gott, was sie gerade brauchen?
  Ein offenes Ohr?
  Hilfe bei einer Aktion?
  Gebet?

  Gib Gott damit die Ehre!

mehr

- Lass auch du dich von Gottes Gnade begeistern und trage sie weiter: Titus 2,11

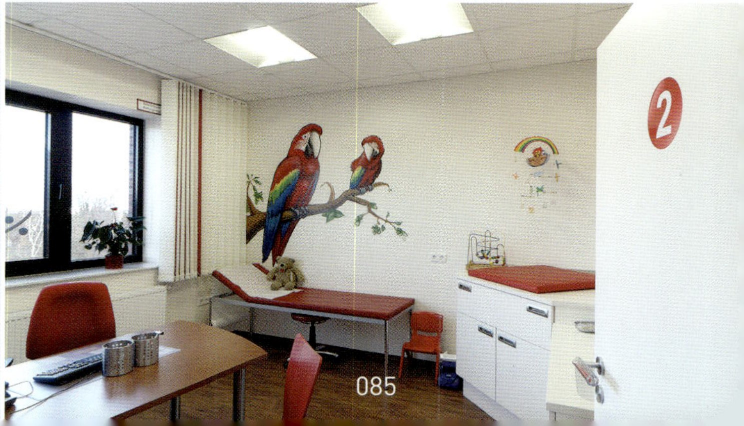

Die Gästekarte

Wir führen ein Gästehaus in Oberstdorf im Allgäu, in dem es für jeden Gast eine Gästekarte mit Magnetstreifen gibt. Diese Karte müssen alle Gäste nach ihrem Urlaub wieder abgeben. Immer mal wieder kommt es vor, dass das einfach vergessen wird. So müssen wir nachtelefonieren, schreiben etc., damit wir wieder zu unserer Karte kommen. Gestern war es mal wieder soweit: Eine Dame fuhr mit dem Taxi zum Bahnhof, ihre Karte noch dabei.

Kaum war sie weg, fiel mir die Karte wieder ein. Ich fuhr mit dem Fahrrad schnell zum Bahnhof, suchte die Dame, entdeckte sie aber nirgends auf den Bahnsteigen. Auch in den Läden im Bahnhofsgebäude war sie nicht. Ich ging dann davon aus, dass sie erst mit einem späteren Zug fahren würde. Schon frustriert lief ich noch einmal zu den Bahnsteigen und betete: „Herr du musst mir jetzt helfen. Nur du kannst schenken, dass ich sie finde!“ Kaum hatte ich den Satz in Gedanken gesprochen, kam die Dame aus dem stehenden Zug, sprach noch mit dem Schaffner und kam lachend den Bahnsteig entlang. Ich war total baff, was Gott mir da wieder geschenkt hatte!

Die Karte erhielt ich natürlich zurück. Und in meinem Herzen war ich total dankbar, dass Gott mir diese Begebenheit schenkte. Die Dame hatte übrigens noch 10 Minuten Zeit und wollte sich noch schnell etwas am Kiosk besorgen.

Gerade das Beten hat mir vor Jahren immer wieder Kummer gemacht: Muss ich mich hinsetzen, Hände falten und dann erst mit Gott sprechen? Sicherlich auch. Aber es kann auch anders gehen. Hier war mir ein Bibelschulleiter aus Österreich, Hans-Peter Royer, eine große Hilfe. Er sprach davon, dass Jesus gesagt hat:

Gott erhört selbst Gebete, die eigentlich ganz banal sind. Sie berühren den allmächtigen Gott.

▶ Schreib dir kleine Erinnerungen an den Kühlschrank, den Spiegel, die Türen ... und lass dich so an die kleinen Gebete erinnern. Es tut richtig gut, mit Gott über alles zu reden.

▶ Ganz viele gute, wichtige Ratschläge in 1. Thessalonicher 5,14-22

„Betet ohne Unterlass!" Es gibt ja auch Aufgaben in unserem Alltag zu erledigen. Wie kann man eigentlich beten, ohne aufzuhören? Das geht nur im Alltag immer wieder. Hans-Peter machte es bei Bergtouren, beim Spazieren, einfach überall und zu jeder Zeit.

Das half mir, denn ich hatte ein schlechtes Gewissen, wenn ich morgens in der Frühe mit meiner Kaffeetasse in der Hand betete – nicht am Tisch, sondern beim Spazierengehen um unser Haus herum. Da bete ich um gute Gedanken am Tag, um Weisheit und Gottes Hilfe in jeder Situation. Dieses Beten öffnet mein Herz und schenkt mir eine tiefe Vertrautheit mit Gott. Hier erlebe ich ihn dann als Vater, als Vertrauten, der meine tiefsten Sehnsüchte kennt.

Kornelia Krebs, Christl. Freizeitheim Gästehaus Krebs, www.freizeitheim-krebs.de

Wer ist der?

Wer ist der wahre Freude-Schenker?
Der allezeit an Menschen Denker?
Der uns in schweren Zeiten Träger?
Der unentwegte Zeit-Beweger?
Der voller Freude Sprünge-Macher?
Der bis zu beiden Ohren Lacher?
Der nur zu gerne Liebe-Bringer?
Der selbst den dunklen Tod Bezwinger?
Der grad in Nöten Hoffnung-Geber?
Der nimmermüd' Beziehungs-Leber?
Der täglich neue Schuld-Erlasser?
Der überall auf uns Aufpasser?
Der immer eine Lösung Haber?
Der Dreck aus unserm Herzen Schaber?
Der ohne Ende Heilung Fließer?
Der für uns selber Blut-Vergießer?
Der uns mit andern Augen-Seher?
Der menschlich uns kann gut Versteher?
Der stets aktive Rettungs-Anker?
Der übergute Kraftauftanker?
Der alles, wirklich Alles-Wisser?

Der niemals einen Menschen Disser?
Der beste Botschaft Überbringer?
Der liebevoll um Herzen Ringer?
Der Schweiß und Blut für uns Vergießer?
Der endlos keinen Tag Vermieser?
Der kraftvoll schon den Sieg Erringer?
Der Lobeshymnen auf uns Singer?
Der „sehr gut" zu uns Menschen Sager?
Der sein Reich mit uns bauen Wager?
Der quicklebend'ge Auferstеher?
Ja wer, ja wer, ja wer ist der?

Er ist der Gott, der dich so liebt,
der Gott, der seinen Sohn dir gibt,
der seine Kraft dir gerne schenkt,
der voller Freude an dich denkt.

Er ist dein Gott, er baut dich auf.
Und du, wie reagierst du drauf?

Rainer Zilly

- Welche Gefühle erzeugt das Gedicht bei dir?
- Wie kann Gott dir gut tun?
- Hol dir Streicheleinheiten bei Gott ab.

- Das tut dir richtig gut: Psalm 103,1-5

Und noch was, das dir gut tut!

Alles in Ordnung!

2009 hatte ich einen schweren Motorradunfall. Ein mir entgegenkommender Autofahrer wollte abbiegen und hat mich dabei komplett übersehen. Ich stieß frontal mit seinem Auto zusammen, flog mehrere Meter durch die Luft und schlug bei der Landung mit meinem Kopf auf dem Asphalt auf.

Mein erster Gedanke war: „Ist meine Wirbelsäule kaputt? Werde ich für immer gelähmt sein?" Doch ich spürte große Schmerzen in meinem Fuß – ein Zeichen dafür, dass ich zumindest nicht gelähmt war. Trotz des hektischen Treibens um mich herum hörte ich eine sanfte aber kräftige Männerstimme, die nicht von außen kam: „Hab keine Angst. Ich bin bei dir. Es ist alles in Ordnung." Daraufhin überkam mich ein tiefer Frieden, denn ich wusste, wer da zu mir gesprochen hatte. Vor Jahren hatte ich mich bereits für Jesus Christus entschieden.

Ein Hubschrauber flog mich in das nahegelegene Bundeswehrkrankenhaus. Dort wurde ich komplett durchgecheckt und meine schmerzende Ferse genäht. Eine Krankenschwester kam nach den Untersuchungen zu mir und sagte, dass alles in Ordnung sei. „Diese Worte habe ich doch zuvor schon einmal am Unfallort gehört?" Mir wurde versichert, dass außer meiner Ferse und ein paar Prellungen alles ok sei. Die Ärzte waren selbst sehr erstaunt über mein relativ gutes Befinden nach solch einem schweren Unfall. Nach fünf Tagen wurde ich aus dem Krankenhaus entlassen.

Alexander Denk, Pastor, Gemeindegründer, Referent, www.a-denk.de

geh!

- Hast du schon die Stimme Gottes gehört?
- Wodurch unterscheidet sich die Stimme Gottes von anderen Stimmen?

Sammle mit Freunden Merkmale der Stimme Gottes.

mehr

- Eine krasse Zusage steht in Johannes 10,27

Der Besuch

Vor zweieinhalb Jahren war mein Leben in eine enge Sackgasse geschlittert. Ich war in einer Beziehung gefangen, in der Lug und Betrug von Seiten meines Partners herrschten. Anstatt zu sagen: „Ich gehe", rutschte ich wieder mal in eine tiefe Depression. Diese Depression kannte ich schon länger, ich hatte schon viele tiefe Löcher in meinem Leben. Dazu kam noch eine Persönlichkeitsstörung vom Typ Borderline, die natürlich Beziehungen nicht leichter machten. Es fanden auch immer wieder Selbstverletzungen statt.

Nun saß ich da in diesem Loch und mein einziger Ausweg war für mich, mir das Leben zu nehmen. Ich nahm alles, was ich an Medikamenten hatte, und drückte jede einzelne Tablette aus dem Blister. Da saß ich nun die Hand voller Tabletten und formte ein Gebet: „Herr hilf mir, dass es schnell vorbei ist." Und es verging eine ganze Weile. Ich wollte diese gefüllte Hand an den Mund führen, aber es ging nicht.

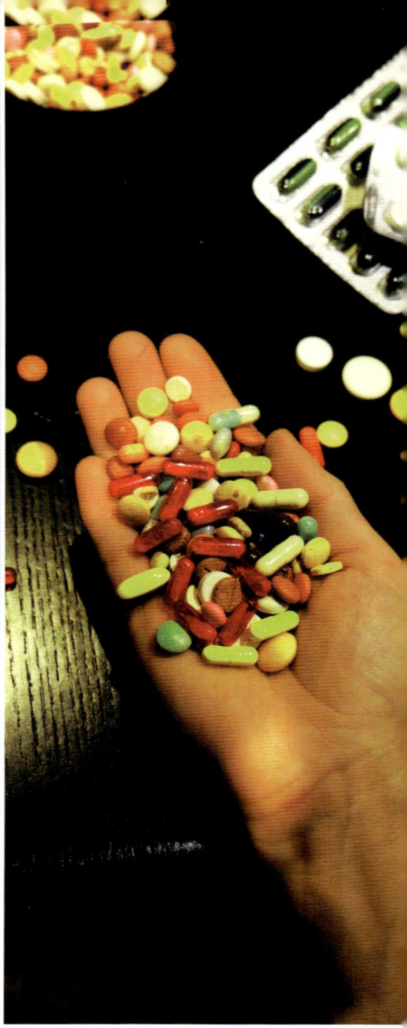

Der Arm fühlte sich so schwer an, dass ich es nicht schaffte, ihn zu bewegen. Die Zeit verging. Nach einer Weile nahm ich die Tabletten, steckte sie in die Tasche und verließ den Raum, ohne darüber nachzudenken, was passiert war. Mein Partner – er hatte nichts von der Aktion mitbekommen – sagte zu mir, er wünsche sich, dass ich zurück in meine Wohnung ginge. Ich lebte bei ihm, hatte aber meine eigene Wohnung behalten.

Da saß ich nun in meiner Wohnung und merkte nicht, dass die Beziehung eigentlich beendet war. Ich bekam Besuch von einer Freundin und wir redeten viel. Sie war schon lange ein Kind Gottes. Sie betete für mich. Und es war, als sagte jemand zu mir: „Weißt du, ich habe dich gerettet!" Und es fiel mir wie „Schuppen von den Augen".

Ich habe noch am selben Tag mein Leben Jesus gegeben, und – was soll ich sagen – ich kam aus der Depression. Ich ließ mich taufen und ein halbes Jahr später war ich frei von Selbstverletzungen – bis heute.
Jesus hat sehr viel in meinem Leben verändert und ich bin gespannt, was noch alles passiert. Ich erzähle von Gott, wo ich nur kann. Denn ohne ihn wäre ich verloren!

Iris Mantei

Was für ein Gott:

Jedes Kind Gottes ist ein Hoffnungsträger!
Wir haben alle den Auftrag, von unseren Erlebnissen mit Gott zu erzählen.

- Trage heute ganz konkret die Hoffnung in das Herz eines anderen Menschen.

- Du bist schon bestens ausgestattet: Matthäus 5,14-16

Wenn wir nicht wie Kinder werden ...

Vor etwa 15 Jahren litt ich über zehn Jahre lang an chronischer Gastritis (Magenschleimhautentzündung). Diese tierischen Magenschmerzen und die ständig anhaltende Übelkeit machten mich fertig! Der Arzt stellte fest, dass die Ursache viel zu viel Magensäure war.

Als ich eines Tages mal wieder meinen älteren Bruder und seine Familie besuchte, fiel meiner damals dreijährige Nichte Miriam auf, dass ich nichts oder nur sehr wenig essen konnte. Und den guten Kaffee, den ich sonst immer genossen hatte, konnte ich nicht mehr trinken.

Das tat ihr leid, und sie fing an, jeden Abend vor dem Schlafengehen für mich zu beten. „Bitte lieber Gott, mach das Tante Barbara kein Bauchweh mehr hat!“
Das hat sie einfach so getan, ohne dass ihre Eltern sie drum gebeten hätten.
Ich wusste auch nichts davon.

Später stellte mein Arzt dann fest, dass meine Magensäure sich normalisiert hatte.

Heute ist meine Nichte 18 Jahre alt und kann sich gar nicht mehr daran erinnern.
Mir aber bleibt diese Geschichte wohl für immer im Kopf, wie dieses kleine Mädchen jeden Abend in ihrem Bett mit diesem großen Gott gesprochen hat ...
und ich seitdem nie wieder eine Gastritis hatte.

Barbara Roock, Intensivschwester

geh!

- Bete vertrauensvoll wie ein Kind!
- Lehre Kinder beten, nicht nur theoretisch, sondern praktisch.

mehr

- Schau, was Jesus zum Kinderglauben sagt: Matthäus 18,1-5

Neuanfang

Zum Abschied in einem Ettlinger Konstruktionsbüro schenkte mir ein Kollege das Buch „Erlebt und Erzählt". Darin berichten Menschen von einer Beziehung zu Gott, wie ich sie bis dahin nicht kannte. Ich war katholisch und zuhause war klar, dass sonntags in die Kirche gegangen wird. Dies gehörte zum Pflichtprogramm. Als Ministrant oder in der KJG gab es viele Themen zu besprechen – Jesus Christus gehörte nicht dazu. Das kleine Buch hat mich verwirrt. Mit Gott reden? Einfach so? Geht gar nicht.

Am nächsten Tag habe ich den Kollegen angerufen, um mich zu bedanken. Er hat mich und meine Freundin gleich zum Abendessen eingeladen. Ich war gespannt, was er noch alles zu erzählen wusste. Als Nachtisch gab es das Evangelium: Gott ist heilig, er kann keine Sünde dulden. Ich bin Sünder, also hab ich verloren. Aber Jesus hat schon für mich bezahlt!

Wie bitte? Ich dachte immer, ich müsste ganz viel für Gott leisten, alle sieben Sakramente erfüllen. Nein, einfach nur Jesus als Gott anerkennen und sein Geschenk annehmen. Das reicht, um in alle Ewigkeit bei ihm zu sein. Ich war platt.

Wir sind nach Hause gefahren und haben gespürt, dass da mehr ist, dass sich Gott bei uns gemeldet hat. Wir haben beide an diesem Abend unser Leben in die Hände von Jesus gegeben.

Am nächsten Tag heiratete der Arbeitskollege meiner Freundin. Von dem wussten wir, dass auch er mit Jesus lebt. Die Predigt der Trauung ging über Matthäus 7: Wer sein Haus auf den Felsen baut. Tja, Volltreffer. Am Abend vorher hatte ich mein Lebenshaus auf diesen Fels gebaut und jetzt die Predigt dazu. Gott hat Humor und ein geniales Timing, das überrascht mich heute noch immer wieder.

Meine Freundin von damals ist meine wunderbare Ehefrau (siehe Ehealtag S. 032)

Klaus Schlotterer, Maschinenbautechniker, Bauchredner

geh!

- Auf welchem Fundament steht dein Lebenshaus?
- Hast du einen Neuanfang erlebt?

☐ Ja, dann erzähle deine Geschichte.

☐ Nein, dann lass Gott zu dir reden, lies den Text unten und geh dann auf Seite 123.

mehr

- Einen Vergleich der Fundamente findest du in Matthäus 7,24-27

Blutroter Himmel

Es war der 22.08.2000, die Geburt unseres ersten Kindes – ein Mädchen würde es werden. Wir hatten bereits mehrere Wochen Kampf hinter uns, besonders meine Frau: Schwangerschaftsvergiftung, unerträgliche, langanhaltende Kopfschmerzen, Bluthochdruck, sogar einmal bis 200/160. Der Mutterkuchen verkalkte langsam und das Kind im Mutterleib wurde immer schlechter mit Nährstoffen versorgt.

Als sich die Situation immer mehr zuspitzte und die Herztöne des Ungeborenen schlechter wurden, war die letzte Entscheidung der Ärzte: Kaiserschnitt.

Ich musste mich im Wartezimmer in Geduld üben und betete stets für meine Frau, das Ungeborene und die Ärzte. Im Nachhinein betrachtet war ich relativ ruhig. Ich lief zu einem Fenster, um ein wenig frische Luft zu schnappen. Wieder und immer wieder schrie ich innerlich zum Herrn, er möge die Situation zu einem guten Ende führen. Als ich aus dem Fenster blickte, sah ich zum Himmel empor. Er war mit einigen Wolkenschleiern versehen, blutrot und in einer farblichen Tiefe und Stimmung

geh!

▶ Beobachte und erkenne, wie Gott zu dir spricht: Durch eine leise Stimme, ein beeindruckendes Bild, den wunderbaren Klang eines Instrumentes, eines Liedes oder das Gefühl inneren Friedens in einer schwierigen Situation. Vielleicht auch durch einen Menschen, den Gott dir über den Weg schickt.

des Sonnenuntergangs, die ich so intensiv noch nie beobachtet hatte. Sie gab mir – warum auch immer – die Gewissheit: Alles wird gut!

Der Kaiserschnitt verlief gut, unsere Tochter erblickte die Welt. Meine Frau wurde noch für eine Nacht auf der Intensivstation zur Beobachtung untergebracht. Ich durfte meine Tochter nach den ersten Untersuchungen zum ersten Mal in die Arme schließen und auch waschen. Aber der Marathon war noch nicht zu Ende. Die Ärzte teilten mir mit, dass die Kleine kurz nach der Geburt an Sauerstoffmangel gelitten hatte und etwas lang brauchte, bis sie das erste Mal schrie. Die Spezialisten der Kinderklinik mussten sie intensiv untersuchen und eventuell in die Kinderklinik mitnehmen.

Das passte mir überhaupt nicht, da ich das Neugeborene unbedingt noch zu seiner Mutter auf die Intensivstation bringen wollte. Zunächst war ich beunruhigt, aber dann kam mir das Bild des blutroten Himmels wieder vor Augen und ich wurde innerlich ruhiger und wartete die Untersuchungen ab.

Es wurde nichts bei unserer Tochter festgestellt, und so konnte ich unsere Tochter doch noch in den Aufwachraum der Intensivstation bringen, damit sie den ersten Kontakt mit Ihrer Mutter erleben durfte.

Als meine Frau wieder auf der normalen Station lag, und wir über die gesamte Situation reflektierten, wurde mir erst bewusst, wie stark Gott mir in dieser Situation beigestanden und zu mir durch das Bild des blutroten Himmels während des Sonnenuntergangs gesprochen hatte. Meine Frau teilte mir nämlich mit, dass sie kurz vor der OP einen Arzt hatte sagen hören: „Beeilt euch, entweder die Frau oder das Kind!" Das war in etwa zu dem Zeitpunkt, als ich aus dem Fenster des Wartezimmers gen Himmel schaute.

Bis heute spricht Gott in Bildern zu mir. Inzwischen gibt es auch andere Arten, wie ich Gottes Stimme erkenne, aber faszinierende Naturbilder sind etwas Besonderes für mich: Gott spricht in diesem Moment zu mir und ist mir sehr nah.

Gerry Vanek, Dipl. Ing., Geschäftsführer Vitcon, www.vitcon.de

Wie Gott spricht:

mehr

▶ Hier kommuniziert Gott mit Menschen:
Daniel 1,17
2. Chronik 1,7-12
Johannes 14,25-27
Apostelgeschichte 10,9-23

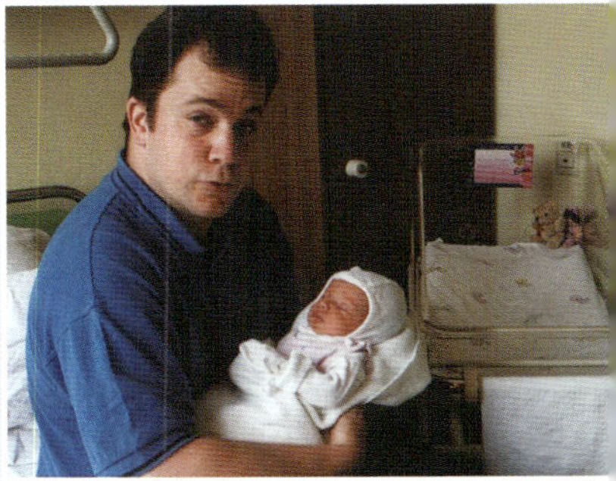

Die 2. Runde

Gott in allen Dingen zu vertrauen – das ist eigentlich meine größte Herausforderung. Das wird mir mehr und mehr klar. Wenn Gott wirklich allmächtig, allwissend, voller Erbarmen, voller Rat, voller Kraft, voller Liebe ist und noch dazu mein Vater, wieso vertraue ich ihm nicht? Denke ich vielleicht, mein Problem sei zu klein, zu unbedeutend für so einen großen Gott, der die Weltgeschicke lenkt? Oder vielleicht meine ich auch, dass mein Problem zu groß ist, dass Gott es nicht mehr in der Hand hat? Aber wer kann mir dann helfen, wenn nicht Gott? Vertraue ich mehr auf meine Kraft als auf ihn?

Ich habe mir angewöhnt, alles – auch die noch so kleinen Dinge und Angelegenheiten – mit meinem himmlischen Vater zu besprechen und ihn überall mit einzubeziehen, im Gespräch mit ihm zu bleiben.

Kürzlich musste ich dringend etwas in Konstanz besorgen. Alle Parkplätze waren belegt; nichts Ungewöhnliches an einem regnerischen Tag in den Sommerferien. Wir leben in einer Urlaubsregion und viele wollen bei schlechtem Wetter einen Tag in Konstanz verbringen. Über eine Viertelstunde fuhr ich alle Parkmöglichkeiten ab und spielte schon mit dem Gedanken, mich wieder auf den Heimweg nach Singen zu machen. „Mist, umsonst die 30 km gefahren und doch nicht das erreicht, was ich wollte. Die Zeit ist ohnehin so knapp", dachte ich. Ärger wollte sich langsam breit machen.

Da schoss mir ein Gedanke durch den Kopf: „Wirf das Netz noch einmal aus!" Jesus hatte das zu seinen Jüngern gesagt, als sie die ganze Nacht gefischt und keinen einzigen Fisch gefangen hatten. Sprach er etwa auch zu mir? Ich hatte den Eindruck, er wolle mir diese Geschichte neu erzählen.

Ich sagte zu meiner Tochter, die mit im Auto saß: „Wir werfen jetzt das Netz noch einmal aus." Etwas irritiert schaute sie mich an und lachend erklärte ich ihr, was ich meinte. Wir drehten noch einmal eine Runde. Und siehe da, nach kurzer Fahrt leuchtete ein freier Parkplatz auf. Begeistert parkten wir ein. Auf dem Weg zum Parkautomaten hielt mich eine Schweizerin auf und schenkte mir ihr Parkticket. Es war noch zwei Stunden gültig. „Wow ", dachte ich, „nicht nur die Jünger bekamen ein volles Netz. Auch ich werde überreich beschenkt."

Ich staunte einmal neu über meinen großzügigen Vater im Himmel:
Wie gut ist es, ihm auch im Alltag zu vertrauen.

Silke Daub, Grundschullehrerin

▶ Was ist dir heute nicht gelungen?

▶ Nimm Jesus in die Situationen hinein!

Er will dich beschenken!

Versuche es mit ihm zusammen noch einmal!

▶ Die 2. Runde mit Jesus ist erfolgsversprechend – lies' nach: Lukas 5,1-11

Für die Liebe

2010 erhielt ich einen Anruf, der mein Leben für immer veränderte, als die Polizei mir mitteilte, dass meine Frau nicht mehr am Leben ist.

Ich bin bei weitem kein Ehe- oder Beziehungsexperte, habe aber am eigenen Leib erlebt, wie wichtig es ist, während der guten Zeiten in die Beziehung zu investieren, die gemeinsamen Wurzeln tiefer im Glauben zu verankern, um so ein unzerstörbares Fundament zu bilden. Denn die schweren Zeiten sind doch oft unvermeidbar.

Nenn mich ruhig altmodisch, wenn ich dich ermutige ...

geh!

- Für Männer:
  Lies es nochmals durch und starte heute mit der Umsetzung.
- Für Frauen:
  Was könnt ihr in eure Beziehung investieren?

Sage deiner Frau öfter, dass du sie liebst.
Tu mehr Dinge, die ihr zeigen, wie stolz du auf sie bist.
Stelle Fragen. Mache Fehler. Lerne daraus.
Versuche so oft wie möglich, sie zum Lachen zu bringen.
Sorge dafür, dass sie sich besonders und wertvoll fühlt.
Öffne ihr die Türe. Immer.
Lasse sie deine Wertschätzung spüren für all das, was sie leistet.
Überrasche sie mit Blumen oder kleinen Aufmerksamkeiten.
Gehe nie schlafen, wenn du noch wütend auf sie bist oder
ihr noch nicht gesagt hast, dass du sie liebst.
Sei leidenschaftlich.
Sei bereit zu vergeben.
Hol das Auto, wenn es in Strömen regnet. Auch wenn es bedeutet,
dass du komplett durchgeweicht sein wirst.
Beschütze sie.
Bete für sie und mit ihr.

... denn am Ende ist es immer besser, die Dinge zu bereuen,
die man getan hat, als die Dinge, die man nicht getan hat.
Das Leben ist zu kurz. Und die Liebe ist es immer wert, darum zu kämpfen.

Steffen Schwarz

Das hört
sich zu
zweit
toll an!

mehr

▶ Eine wichtige Verheißung: 1. Petrus 3,7

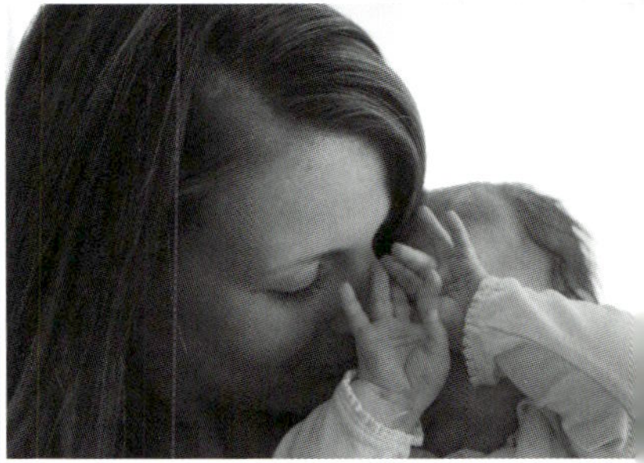

Was wäre, wenn ...?

Als ich von der Frauenkonferenz im April kam, wurde ich sehr ermutigt, ein Herz und Augen für Menschen zu bekommen, denen es nicht so gut geht, die Lasten mit sich herumtragen und die Jesus noch nicht kennen.

Auf dem Weg von Zuhause zu meinem Studienort Erlangen bat ich Gott, dass er vielleicht gerade heute während meiner Autofahrt ein cooles Gespräch mit den anderen Mitfahrern initiiert und ich mit dem Heiligen Geist im Gepäck für sie ein Segen sein kann. Die Gespräche waren ganz gut, aber meine Erwartungen wurden nicht gestillt, dass Gott etwas Cooles tut. So verabschiedete ich mich von ihnen, lief durch den Bahnhof zu meiner Bushaltstelle und sah, dass ich noch eine Weile auf den Bus warten musste. Na schön!

So stand ich da und wartete, als auf einmal ein Mann auf mich zukam und mich einfach ansprach. Innerhalb weniger Minuten kamen wir auf Jesus und Gott zu sprechen und ich sah in seinen Augen, wie er sich nach Gottes Liebe sehnte. Er ist teilweise behindert und führt schon länger einen Kampf mit dem Alkohol. Ich fand es fast herzzerreißend, als er mich fragte, ob ich wirklich glaube, dass Gott auch einen Plan für ihn hat und ihn liebt. So redeten wir und er fragte und fragte, und dann kam der Bus und ich wusste, dass sich das Ganze jetzt nicht einfach so im Sand verlaufen sollte. So fragte ich ihn nach seiner Telefonnummer, und seit diesem Tag telefonieren wir, mal mehr – mal weniger. Es ist nicht immer einfach und oft habe ich auch keine Lust, da ich viele, manchmal unschöne Dinge erfahre. Aber ich finde es so cool, dass ich jemand sein darf, der ihn ermutigt und in sein Leben hineinsprechen darf.

Mich hat an dieser Geschichte am meisten beeindruckt, dass Gott oft anders handelt, als wir es erwarten. Ich hätte nach meinem Gebet nie damit gerechnet, dass mich jemand einfach so auf der Straße anspricht. Ich war hier eher der passive Teil, ich stand nur da und antwortete. Ich war passiv, weil Gott aktiv ist.

Hanna Nöding, Studentin

- Was wäre, wenn Gott gerade dich in Situationen/Gespräche führt, die du nicht erwartest?
- Bitte Gott darum, dass er Situationen für dich vorbereitet.

- Sei bereit – tu deinen Mund auf: Sprüche 15,4a

Kleine Herzenswünsche

Vor einiger Zeit bin ich in die Pfalz gezogen, in einen wunderschönen Ort namens Königsbach. Von meiner Wohnung sind es gerade mal fünf Minuten zum Wald. Wandern, steile Hügel erklimmen, auf einem Stein ruhen, an Aussichtspunkten genießen oder in eine der Hütten einkehren, um sich ohne Hast zu stärken – alles Möglichkeiten, die ich hier vor Ort nutzen kann.

Als wäre das nicht schon genug, hörte ich immer wieder den Wunsch in meinem Herzen, wieder einmal an einem verlassenen See zu verweilen, wie es in meiner Kindheit möglich war. Witzigerweise traf ich kurze Zeit später langjährige Freunde auf einem Grillabend. Jemand erzählte von einem alten Kratersee mitten im Pfälzer Wald. Ich staunte nicht schlecht, dass dieser See höchstens 30 Minuten Fußmarsch von mir entfernt sei.

geh!

▶ Hast du einen Ruheplatz, an dem du auftanken kannst?

Gehe heute hin, mache dir bewusst, dass Gott dein Herz kennt, und lasse dich beschenken.

Einige Tage später machte ich mich auf die Suche und fand ein Stück unberührte Natur: eine eindrucksvolle Schlucht, in der sich ein 100 Meter tiefer See befindet. An diesem Ort zu sein, war für mich Auftanken pur: gute Gedanken finden, mal die Seele baumeln lassen, Ideen spinnen können und dabei Fische springen sehen, Gottes Kreativität in dieser malerischen Gegend bestaunen, sich an alte Zeiten erinnern. Ich staunte, wie großartig Gott führt und wie weise doch seine Wege sind, dass es ihm ein Leichtes ist, Herzenswünsche zu kennen und mir dieses Geschenk in meiner unmittelbaren Nähe zu machen. Jedes Mal tanke ich hier auf, sammle Kräfte oder komme einfach zur Ruhe und nicht selten in eine entspannte Zeit zum dankbaren Gebet.

Tobias Seyfert, Klavierlehrer, Improvisationskünstler, www.tobias.seyfert-online.de

mehr

▶ Gott kennt noch mehr als deine Herzenswünsche: Sprüche 15,11

Und Gott kennt ja sogar jedes Haar auf deinem Kopf:

Krebs – und doch erfüllt!

Hey, wie gut ist es, dass du einen Gott hast, der am Kreuz für dich gestorben ist und dich bedingungslos liebt. Genau so wie du bist, mit all dem, was dich belastet. Du bist wunderschön, einzigartig und könntest nicht besser sein, als er dich geschaffen hat. Hey, hör auf, dich selbst schlecht zu machen, weil du vielleicht findest, dass du zu dick bist, die Nase zu groß ist, du zu viele Pickel hast oder sonst was ... Das ist alles Quatsch! Hör auf zu glauben, dass dein Körper dich ausmacht; bei Gott zählt nur deine Seele. Er sieht genau, wie du mit anderen umgehst, was du denkst oder fühlst, wie es in deinem Herzen aussieht. Auf ihn kannst du dich immer verlassen.

Ich weiß leider nur zu gut, wie es ist, sich hässlich, alleine gelassen und minderwertig zu fühlen. Bedingt durch meine Krankheit (Krebs), die ich 2011 (mit 11 Jahren) bekam und die mich leider bist heute begleitet, saß ich ein Jahr und sechs Monate im Rollstuhl. Es war ein schreckliches Gefühl. Die Leute starren dich an, sprechen dir ihr Mitleid aus, andere tuscheln oder zeigen mit dem Finger auf dich.
Sie entscheiden über deinen Kopf hinweg und nehmen dir die Selbstständigkeit.

Als die Chemo gegen die Ersterkrankung vorbei war, kam ich nach Sylt in Reha. Auch dort fühlte ich mich in den ersten Tagen in Gesellschaft unwohl. Mit anderen Kindern wollte ich nicht viel zu tun haben. Es gab ein Mädchen, das bei den anderen sehr beliebt war und auch schon wieder Haare hatte. Viele Kinder waren sehr interessiert an ihr, doch sie kam direkt auf meinen Rollstuhl zu und schnappte mich. Ich war ganz erschrocken, dass sie von allen ausgerechnet mich aussuchte. Doch mit der Zeit konnte ich es zulassen.

Es war unglaublich. Jeden Tag gingen wir raus, egal ob Sonne, Regen oder Frost. Ich liebte es, endlich mal wieder unabhängig von meiner Mutter zu sein und etwas selbstständig tun zu können! Ich genoss das Leben und schätzte es wie nie zuvor.

Wir wurden schnell sehr gute Freunde, jede Sekunde mit ihr war so kostbar. Sie hat mir gezeigt, dass ich genauso einzigartig und kostbar bin, wie Gott selbst mich

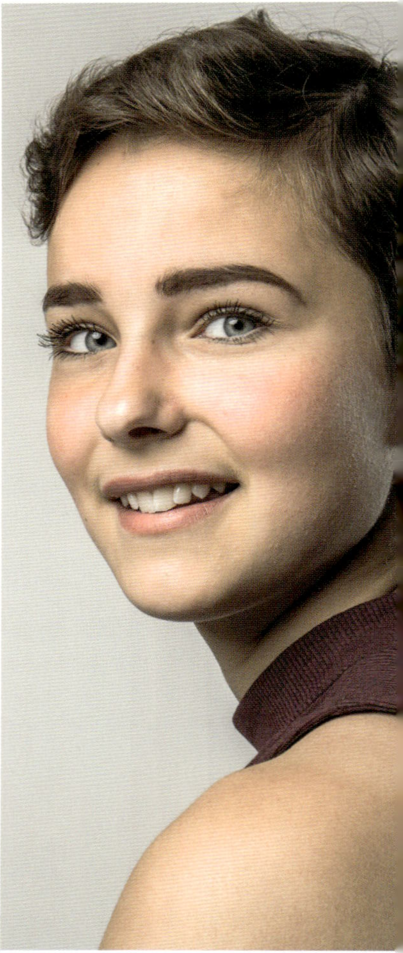

sieht. Leider bekam sie einen Rückfall und starb nach einem Jahr. Doch sie ist in meinem Herzen. Ich freue mich schon, dass ich sie in der Ewigkeit wiedersehe, denn da werde ich bald hinkommen, wenn der Krebs meine Lunge aufgefressen hat.

Viele haben Angst vor dem Sterben. Ich habe mich jedoch dazu entschieden – ich hätte noch Chemo machen können oder auch eine OP, aber der Krebs wäre wieder gekommen ... Ich liebe das Leben und die Zeit, die mir noch bleibt. Ich hab mich in letzter Zeit so oft gefragt, wo mein Leben eigentlich die ganze Zeit war und warum ich zu wenig die Dinge machte habe, die mich wahrhaftig erfüllten.

Mein Wunsch ist es, Menschen zu helfen, egal wie, ihnen Mut zu machen und Kraft zu geben. Viel zu oft habe ich mir darüber Gedanken gemacht, was andere über mich denken, anstatt was Gott über mich denkt, und habe Zeit mit Dingen verbracht, die keinen Sinn ergaben.

Jetzt kann ich endlich das sagen, was ich so gern schon immer von mir gesagt hätte: „Ich bin erfüllt!"

Vielleicht habe ich nur noch ein halbes Jahr zu leben, aber ich darf es intensiv und mit Gott leben. Diese kurze Zeit mit ihm, mich geliebt von ihm zu wissen, sind besser als 100 Jahre gesund, aber ohne ihn. Ich sage dir eins: Wenn du etwas wirklich von ganzem Herzen willst, das auch Gott will, wird er dir helfen. Du wirst es schaffen, denn du bist nie allein. Ja, ich bin erfüllt, die Liebe von Jesus füllt mein Herz total aus.

Maja Aldinger, Schülerin

geh!

▶ Sei mutig, besuche einen kranken Menschen und erzähle von deiner Hoffnung auf ein ewiges Leben.

mehr

▶ Ist das nicht wunderschön? Offenbarung 21

Immer ist Gott bei dir:

Der Diebstahl

Ich lebte für 10 ½ Monaten auf den Philippinen in der Stadt Cebu und arbeitete dort mit Kindern aus den unterschiedlichsten Slumgebieten. Das ganze Jahr verlief echt prima. Wir lebten uns gut in die dortige Kultur ein und genossen die Zeit.

Einen Monat vor Ende meines Aufenthalts kam ich mit zwei anderen Freiwilligen von unserer Arbeit nach Hause, als wir feststellen mussten, dass das Metallgitter unseres Badfensters auf dem Boden lag und das Fenster weit geöffnet war. Wir merkten sofort, dass einige unserer Sachen fehlten – z. B. mein Laptop samt Tasche, meine Kamera, mein Rucksack und mein Geldbeutel mit allen Personalien. Mein Reisepass war „Gott sei Dank" noch da. Das war ein riesen Schock für uns; vor allem deshalb, weil wir bis dahin keinerlei negative Erfahrungen in diesem Bereich gemacht hatten. Wir riefen sofort die Polizei an, die den Fall aber nicht wirklich erfolgversprechend anging. Vor unserem Haus lebten z. B. mehrere Familien „illegal" in einer selbstgebauten Hütte, denen nachgesagt wurde, dass sie mit Drogen handelten. Diese waren sofort unsere Hauptverdächtigen, was wir auch der Polizei erzählten. Der Polizist lief dann auch zu der besagten Hütte und fragte kurz nach, ob jemand etwas Ver-

dächtiges gesehen habe. Auf die Verneinung der Leute hin, hat er, ohne eine zweite Frage zu stellen, sofort wieder das Haus verlassen. Zu sehen, wie hier die Polizei arbeitete, machte mich echt wütend; vor allem mit dem Wissen, dass die Familien vor unserem Haus in den nächsten ein, zwei Wochen nahezu komplett verschwunden waren. Normalerweise waren sie jeden Tag alle vor dem Haus versammelt. Das hat unsere Vermutungen natürlich total verstärkt – machen konnten wir letztendlich aber nichts. Damit umzugehen war echt schwer für mich, da ich stark an all meinen Dingen gehangen hatte. Ich wollte keine schlechte Laune haben, war aber innerlich so unglücklich, so wütend und wusste nicht genau, wie ich damit umgehen sollte.

Am dritten Tag nach dem Einbruch fuhren wir dann zu einem unserer Arbeitsplätze, der etwa eine Stunde entfernt war. Ich legte mich hinten im Wagen hin, war echt unglücklich und wollte mir erst Musik reinziehen, die etwas „härter" ist. Oft höre ich dann z. B. Eminem. Diesmal aber dachte ich, ich könne es ja mal mit christlicher Musik versuchen, vielleicht würde mir das ja irgendwie helfen. Ich hörte ein Lied der Band „Allee der Kosmonauten", in dem es darum geht, dass ich vor Gott komme und dass mein Herz aus der Dunkelheit zu seinem Licht möchte, was ich aber nur mit Hilfe von Jesus schaffen könne. Das war musikalisch schön untermalt und ich dachte mir: „Ja, Jesus, das ist es, was ich jetzt möchte und brauche. Ich gebe dir alle meine Gedanken hin, hilf du mir!" Dabei bin ich dann eingeschlafen.

Beim Aufwachen ging es mir echt gut, ich habe mich total entspannt gefühlt und merkte, dass diese Last nicht mehr auf mir lag. Ich konnte diese ganze Geschichte gehen lassen und hatte noch richtig gute, letzte Tage auf den Philippinen. Auch hatte ich keinen Groll mehr wegen des Einbruchs und konnte den Einbrechern vergeben. Ich erlebte Gott als einen Gott, der Frieden schenkt, der sich wirklich um mich und mein Herz kümmert und mich von negativen Gefühlen und Gedanken befreit. Dafür bin ich ihm total dankbar und weiß jetzt, dass ich wirklich immer zu ihm kommen kann. Er sorgt sich um mich und wird mir helfen.

David Eckhardt, Student

geh!

▶ Triff dich heute mit einem Freund und hört euch bewusst deutsche christliche Musik an und tauscht euch aus. Unterschätzt nicht die Kraft der Musik und der Texte!

mehr

▶ Mutmachend und herausfordernd zugleich: Psalm 37,7-9

Das ist der richtige Mittelpunkt:

Der Gipfelstürmer

Er hält das Ziel fest in den Augen. Wie der Schlussläufer einer Staffel, der den Stab festhält und das Ziel nicht aus den Augen verliert. Wie ein Bergsteiger, der zum Gipfel hochschaut. Dort will er hin, dorthin treibt ihn seine Sehnsucht; er kann nicht anders, auch wenn er weiß, dass er verwundet wird oder sogar stirbt. Er muss seinem Herzen folgen. Er nimmt all die Gefahren des Aufstiegs auf sich. Die Kälte, den Sauerstoffmangel, die Steinschläge, die Einsamkeit an der Wand; doch all das ist es ihm wert. Sehnsucht, die aus Liebe den Tod in Kauf nimmt. Was treibt ihn an? Die Liebe! Einen Fuß setzt er nach dem anderen. Die Ausrüstung, das Marschgepäck, ist schwer. Sehr schwer! Jesus ist mein Gipfelstürmer! Fest hält er sein Marschgepäck, seinen Staffelstab in den Händen. Ohne dies will und kann er nicht den Gipfel, den Hügel Golgatha, erreichen. Trotz aller Schmerzen hält er daran fest.

Mein Bergsteiger, der aus Liebe den Berg überwindet. Die Kälte trifft ihn hart! Die Kälte unserer Lieblosigkeit und Ablehnung. Die eisige Kälte des Schweigens in der Welt, in Familien, in Firmen – wo immer wir uns begegnen. Doch er geht weiter, Schritt für Schritt. Die Last wird schwerer und schwerer. Der Sauerstoff weniger, die Schläge kommen von allen Seiten. Er blickt nach oben, das Ziel kommt näher. Es war der schwerste Aufstieg, den je ein Mensch unternommen hat. Die größte Kälte, der je ein Mensch ausgesetzt war. Die härtesten Schläge, die je einer ertragen hat.

Er ist da, er hat den Gipfel erreicht. Er trägt nicht den Lorbeerkranz eines Siegers, sondern eine Dornenkrone. Sein Staffelstab ist ein raues, römisches Holzkreuz. Er hielt daran fest bis zum Schluss. Nun ist er auf dem Gipfel. Er hat sein Ziel erreicht. Dies ist auch der Gipfel der Kälte, des Hasses und der Ablehnung. Hier erlebt er die größte Einsamkeit, die einer erlebt hat. Er hat Durst! Der Aufstieg hat unendlich viel Kraft gekostet, doch ihm dürstet nicht nach Wasser sondern nach deiner und meiner Liebe. Deshalb sprach er: „Mich dürstet." Beim Aufstieg hat er alles verloren! Am Ziel angelangt, hat er nichts mehr. Nicht einmal seine Kleidung! Nackt ragt seine entstellte Gestalt am Gipfel empor. Er hat alles verloren, seine Kleidung, seine Würde und sogar sein Leben. Das war es ihm wert. Das bist du ihm wert und sogar ich. Als er den Berg hochstieg, dachte er dabei stets an uns, an dich und mich.

Es war die Liebe zu uns, die ihn antrieb, die ihn die Kälte, den Sauerstoffmangel und all die Schläge aushalten ließ. Es war sein Durst nach unserer Liebe, die ihn alles verlieren ließ, um unser Herz zu gewinnen. Er gab sein Leben, damit wir leben. Er trug alle Last, um uns frei zu machen. Es erklang kein Jubelschrei dort am Gipfelkreuz, sondern ein kleines, sanftes „Es ist vollbracht"... Das bedeutet: „Ich hab's geschafft" – „Der Berg ist besiegt" – „Alle Schuld ist nun weg" – „Die Himmelstür ist offen" ... vielleicht heißt es aber auch nur: „So lieb habe ich euch!"

Er trug seinen Staffelstab, sein Marschgepäck aus Liebe. Er jammerte nicht, denn Liebe war seine Motivation. Hass, Einsamkeit, Kälte und Schläge, ja sogar der Tod haben nicht das letzte Wort. „Es ist vollbracht" bedeutet: „Ich, Jesus, habe all dies besiegt, alles überwunden." Mein Gott ist nicht nur mein Gott, sondern auch mein Freund, der diese Berge für mich überwunden hat. Ich bleibe an seiner Hand. Er hält mich, wenn ich falle. Seine Hand schützt mich.

Die Liebe meines Lebens ist ein Bergsteiger. Der liebevollste Bergsteiger, der je die Welt betreten hat. Weil er voller Liebe ist! Weil er die Liebe selbst ist!

Michael Stahl, Fachlehrer für Selbstverteidigung, Gewaltpräventionsberater, www.protactics-stahl.de

geh!

Mehr und mehr haben sich an dem Berg des Lebens verrannt, hängen fest, haben falsche und unerfahrene Bergführer oder versuchen es auf eigene Faust. Mehr und mehr kommen mit der Kälte, der Einsamkeit und der Last des Lebens nicht mehr klar.
Sie brauchen den besten Bergführer ... den, der aus Liebe führt.

Jesus dürstet nach deiner Liebe.

- Schreibe Gott einen Liebesbrief, was er dir bedeutet.

mehr

- Lies in Matthäus 26-27, was Jesus aus Liebe für dich tat.

  Tu es mit einem offenen Herzen und stell dir dabei vor, dass er es nur für dich getan hat.

Kleider der Freude

Es war Juni, als meine Mutti so schwer verunglückte, dass sie auf die Intensivstation kam und später am Kopf operiert werden musste. Über zwei Wochen blieb sie bei künstlicher Beatmung in der Narkose, abhängig von Maschinen. Auf einmal war alles anders – bangen zwischen Leben und Tod. Die Gebete der Freunde und in unserer Familie trösteten mich. In einer intensiven Zeit mit Gott sprach er zu mir: „Mutti soll nicht Kleider des Todes (das weiße Leibchen der Intensivstation) anhaben, sondern sie soll wieder Kleider der Freude anziehen!" Daran wollte ich festhalten!

Ich konnte nichts tun, außer am Bett stehen, beten, meinen Bruder unterstützen, Muttis Freunde und unsere Beter per Mail und Facebook auf dem Laufenden halten, Hoffnung weitergeben und die Ärzte und Gott wirken lassen. Und viele beteten!

Nachts fasste ich meine Gedanken und Gefühle in Worte:

Unfallende – Unfall, doch kein Ende.
Leblos – nicht das Leben los.
Totenstill – der Tod bleibt still.
Schlauchverbunden – Mensch und Maschine mit Schlauch verbunden.
Krisensicher – nur Hektik macht die Krise sicher.

Außergewöhnlich – alles außer gewöhnlich.

Ohnmacht – doch nicht ohne Macht.
Übermut – Glaube ragt über Mut.
Nachhalt – was kommt nach Halt?
Zeitschenken – sich gegenseitig Zeit schenken.
Herzrasen – wohin soll das Herz rasen?
Megatief – aufwärts aus dem Mega-Tief.
Reinfallen – Gesundheit soll rein fallen.
Geduldnot – viel, viel Geduld tut Not.

Außergewöhnlich – alles außer gewöhnlich.

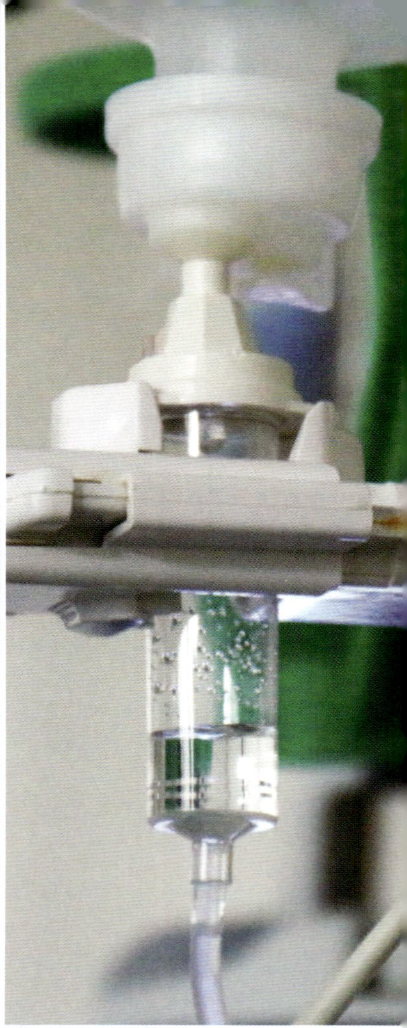

Hoffnungsbremse – keiner kann Hoffnung bremsen.
Gottfern – niemals ist Gott fern.
Porentiefrein – Gott kommt in alle Poren tief rein.
Rettungfinden – in Jesus die Rettung finden.

Außergewöhnlich – alles außer gewöhnlich.

Das erste selbstständige Atmen, der erste Finger bewegte sich, das erste Lachen, das erste Mal im Rollstuhl ... Freude über Freude. Alle Ärzte der Intensivstation sprachen von einem Wunder. Der Arzt in der Reha meinte, es wäre schon ein Erfolg, wenn Mutti mit dem Rollator nach Hause entlassen werden würde. Ich gab mich damit nicht zufrieden, ich wollte Freudenkleider sehen – ohne Rollator.

Nach sechs Wochen die ersten Schritte mit Hilfsmitteln und gleich 100 m gelaufen. Wieder ein Wunder! Das Reden, Essen, Schreiben, Anziehen und Waschen klappt sofort wieder – es geht alles nur etwas langsamer.

Nach etwas mehr als drei Monaten konnte Mutti wieder selbstständig in ihrer Wohnung sein und alles selbst erledigen. Es ist so grandios, wie Gott gehandelt hat und dass er zu dem steht, was er sagt. Und Freudenkleider kann Mutti auch wieder tragen!

Rainer Zilly, Grafik-Designer, www.Kreativ-Agentur-Zilly.de

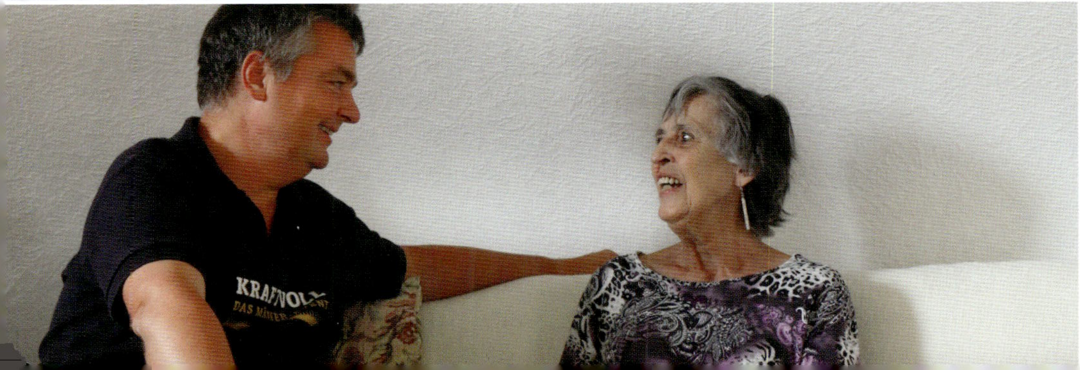

geh!

▶ In welchem Lebensbereich brauchst du ein Wunder?

▶ Finde ein Gottes-Wort, eine Verheißung, die genau in diese Situation hineinspricht.

Proklamiere die Worte immer wieder laut und halte daran fest. Erwarte, dass die ausgesprochene Wahrheit eintrifft.

mehr

▶ Heilung: Jeremia 33,6
Finanzielle Not: Psalm 34,10-11
Kraft Gottes: Jesaja 41,29-31

Von unten nach oben

Ich fahre seit 2007 regelmäßig ein- bis zweimal im Jahr von Burgdorf nach Wisla in Polen zu Besinnungstagen. Freitags und samstags halte ich jeweils 4 Predigten und Sonntag eine zum Abschluss. Beginn ist morgens um 8 Uhr mit dem Frühstück im Versammlungsraum, danach Lobpreis und dann schon die erste Predigt.

Am Freitagnachmittag im September 2014 kam ein junger Mann in den Versammlungsraum, stellte sich hinten an die Wand und hörte zu. Ich sah schon, dass er etwas eigenartig aussah, aber er hörte interessiert zu.

Nach dem Gottesdienst ließ er mich durch meine Übersetzerin zu sich rufen. Er war blutverschmiert und dreckig, als habe er gerade in einer Pfütze gelegen. Wir hatten ein gutes, eingehendes Gespräch und zum Schluss fragte er mich durch die Übersetzerin, ob er mich einmal in den Arm nehmen dürfe. Der Gemeindeleiter und auch die Übersetzerin sagten zu mir: „Das geht nicht. Schau dir an wie schmutzig er ist, du hast noch einen Predigtdienst." Ich schaute beide an und fragte nur: „Was würde Jesus jetzt tun?" Dann breitete ich meine Arme aus und er kam, drückte mich ganz fest und weinte. Wir standen eine Weile so, dann ließ er mich los und ging wortlos weg. Es war, als hätte einer ein Löschblatt dazwischen gelegt. Mein Hemd war blütenweiß geblieben.

Am Samstag kam ein junger Mann auf mich zu, mit feinem Anzug und weißem Hemd, und begrüßte mich mit: „Dzień dobry" – „Guten Tag, kennst du mich noch?" Ich überlegte und musste verneinen; ich kannte ihn nicht. Es war der junge Mann vom Vortag, jetzt in einem ganz anderen Outfit.
Er blieb alle vier Gottesdienste da, aß mit uns zu Mittag und Abendbrot.
Dann verabschiedete er sich mit den Worten: „Ob ich morgen kommen kann, weiß ich nicht, aber es hat mir gefallen."

Am Sonntag, ich wollte gerade anfangen zu predigen, ging die Tür auf, der junge Mann kam herein und hörte wieder ganz aufmerksam zu. Ich predigte: „Wir sind geboren, um zu sterben, aber was dann?"

Zum Ende des Gottesdienstes machte ich einen Aufruf: „Wer noch nicht weiß, wo er nach dem Tode ist, wer aber gerne bei Jesus in der Herrlichkeit sein möchte, kann zum Gebet nach vorne kommen.“ Ich habe mich gefreut, denn als Erster kam der junge Mann und gab unter Tränen sein Leben Jesus.

Als ich dieses Jahr im März wieder in Wisla war, kam mir ein strahlendes Gesicht entgegen. Es war der junge Mann und er sagte: „Du bist schuld, dass ich immer noch hier bin, denn ich liebe Jesus.“

Es ist wunderbar, wenn man diesen Dienst für Jesus tun darf, Menschen, die ganz unten sind, wieder ganz nach oben zu bringen.

Peter Rutkowsky, Ex-Nutzfahrzeugspezialist

▶ Wie gut tut es, einfach mal in den Arm genommen zu werden.

Fang heute an, Umarmungen zu verschenken.

▶ Gottes Waschgang hinterlässt keine Flecken: Jesaja 1,18

Der Glücksbringer

Darf ich dir eine Frage stellen? Bist du abergläubisch?
Ich weiß nicht wie deine Antwort ausfällt, aber bis 2004 wäre meine Antwort ein klares Ja gewesen. Schon während meiner Profikarriere im Fußball hatte ich meine Glücksbringer: Die gleichen Socken an bei jedem Spiel, bis wir verloren haben; die gleiche Unterhose an, bis wir verloren haben; der gleiche Weg zum Stadion, bis wir verloren haben. Und zum guten Schluss, als Trainer der U23 bei Mainz 05, hatte ich immer meinen grauen Glückspulli an – auch bei 30 Grad! Dieser Aberglaube bestimmte vieles in meinem Leben, nicht nur sportlich, auch privat. Ich glaubte einfach fest daran! Der Glaube, dass es irgendwo in unserem Universum eine unsichtbare Kraft gibt, eine Kraft, die mein Leben beeinflusst und bestimmt, solange ich mich an gewissen Dingen festhielt. Oft mit Erfolg!

Mein Antrieb war die Sehnsucht nach Erfolg! Wenn eine Niederlage oder eine Pechsträhne kam, suchte ich immer nach dem „Warum" und blieb meist an Gründen hängen, wie z. B.: „Mensch, ich hätte meine Socken nicht waschen sollen!" Oder: „Jetzt haben sie keine Wirkung mehr!" Verrückt, nicht wahr? Aber so war ich.

Bis ich Jesus Christus begegnet bin! Auf einen Schlag erfuhr ich die wirkliche Wahrheit im Leben, nämlich: Gott existiert in seiner Dreieinigkeit. Ich brauchte diese sinnlosen Rituale und den Aberglauben nicht mehr! Ich brauchte keinen Talisman mehr. Nein, all diese Dinge waren gestrichen, weil ich Jesus als meinen Retter, besten Freund und Lebensberater gefunden hatte. In Sieg oder Niederlage – Jesus liebt mich, unabhängig davon und bedingungslos. Was für eine Erleichterung!

Letzte Saison spielten wir mit dem 1. FFC Frankfurt in der Champions League. Wir waren ins Halbfinale gekommen, nur einen Schritt entfernt vom großen Finale in Berlin. Unser Gegner war Bröndby Kopenhagen. Immer am Abend vor einem Heimspiel findet mit den Delegationen von DFB, UEFA und den Vereinen ein Essen statt.

Christian, ein Engländer, gehörte zu Bröndby. Wir verstanden uns auf Anhieb prächtig und konnten uns in unserer Muttersprache austauschen und die leckeren Steaks

genießen. Plötzlich sagte Christian: „Du, Colin, wir haben für das Spiel morgen ein sehr gutes Gefühl, dass wir euch besiegen können!" „Echt?", sagte ich. „Ja, ich erkläre dir, warum", sagte Christian. Er erzählte, wie die Mädels von Bröndby im Viertelfinale den großen Geheimtipp Linköpings FC aus Schweden besiegt hatten: „Wir waren am Tag vor dem Spiel spazieren, als die Mannschaft eine große Kirche entdeckte. Wir gingen alle rein, zündeten Kerzen an usw. Am nächsten Tag gewannen wir dann 1:0, völlig überraschend! Heute waren wir in Frankfurt spazieren und entdeckten eine Kirche. Weil es in Linköping Glück gebracht hat, gingen wir auch wieder rein und zündeten Kerzen an. Das bringt Glück, Colin!"

Für einen kurzen Moment dachte ich an meine Vergangenheit, wie wichtig der Aberglaube für mich gewesen war und wie oft es vermeintlich gewirkt hat. „Christian, habt ihr dann auch gebetet?", fragte ich nach. „Naja, irgendwie schon", war Christians Antwort. „Und das bringt euch jetzt Glück?", fragte ich. „Möglichweise ja", antworte er. Ich war jetzt zur Hochform aufgelaufen. „Zu wem habt ihr gebetet? Wer sollte euch diesmal Glück bringen? Der so oft zitierte Fußballgott? Jesus? Buddha? Wer?" Christian merkte, dass meine Frage schon sehr ernst war, trotz entspannter Atmosphäre. „Falls du und dein Team zu Jesus gebetet haben, dann muss ich dir sagen, ich kenne Jesus. Sehr gut sogar, er ist mein allerbester Freund. Er ist treu, barmherzig und der Inbegriff von Liebe in Person. Ich weiß, dass er immer bei mir ist – in Sieg oder Niederlage. Auch wenn ich stolpere und Fehler mache. Ja, Christian, all das habe ich erfahren und erlebt. Wahre Freunde lässt man nicht im Stich! Er ist wahrhaftig ein Glücksbringer, aber kein Talisman, der nur zur gebrauchen ist – für bestimmte Momente im Leben.
Er ist die Wahrheit!"

Es entwickelte sich dann ein sehr tiefes Gespräch zwischen uns.

Am nächsten Tag gewann meine Mannschaft übrigens 7:0!

Colin Bell, Ex-Fußball-Profi, Fußball-Trainer 1. FFC Frankfurt,
Sieger DFB-Pokal 2014 und UEFA Women's Champions League 2015

geh!

▶ Erzähl heute einer Person, wie du deine Freundschaft mit Jesus lebst und bring ihm so den wahren Glücksbringer nahe.

mehr

▶ So ein toller Einsatz für einen Freund: Markus 2,1-12

Es kam alles ganz anders

Damit ich an meinem neuen Musical schreiben könnte, hatte mir die Volksbank die Büroräume einer leerstehenden ehemaligen Raiffeisenhalle in Form eines Sachsponsorings zur Verfügung gestellt. Wochenlang hatte ich auf meine Anfrage hin nichts von den Verantwortlichen gehört – aber dann kam die Zusage ganz unvermittelt genau in der Woche, als meine Frau und ich im Gebet darin übereinkamen, dass ich mich als Realschullehrer beurlauben lassen wollte, um in Vollzeit an meinem neuen Projekt zu arbeiten.

Um diese Zeit zu finanzieren, begann ich mit zunehmendem Erfolg, Klavier- und Gitarrenunterricht anzubieten. Außerdem kam mit Beginn meiner Beurlaubung auch etwas in Gang, das viele Jahre verschüttet gewesen war: Die Gründung einer „Musikbibelschule“. Bei der Arbeit an meinem ersten Musical „Touch the sky – König David“ war ich auf den Artikel einer kleinen, christlichen Musikzeitschrift gestoßen, der das Thema „Musikbibelschulen“ im Blick hatte – ich war fasziniert. Bis dahin, schrieb der Autor, gäbe es solche Universitäten nur in Amerika, Skandinavien und anderen Ländern. Der Schlusssatz des Artikels war wie eine Initialzündung: „Wo sind die Mutigen in Deutschland, die sich an diese Aufgabe machen, hier bei uns eine solche Einrichtung zu gründen?“ Dieser Satz elektrisiert mich bis heute!

Auf der Suche nach Räumlichkeiten stießen wir auf eine schöne, alte Raiffeisenhalle. Es war nicht schwer, sich vorzustellen, was auf diesen 800 m² alles entstehen könnte: Klassenzimmer zum Unterrichten in den verschiedensten künstlerischen und musikalischen Bereichen; ein Tonstudio, das ich sowieso schon viele Jahre hatte; ein schöner Eingangs- und Bistrobereich und vieles mehr. Ein Ort, an dem junge Erwachsene auf vielfältige Weise studieren könnten.

Ein Freund erstellte uns einen 3D-Plan zum Ausbau der Räumlichkeiten. Von der Bank als Vermieter bekamen wir grünes Licht. Alles schien perfekt. Doch nun hatten wir ganz menschlich plötzlich große Bedenken: Wie wollten wir diesen Umbau mit zwei kleinen Kindern zeitlich schaffen und wo das viele Geld dafür hernehmen?

In dieser Zeit, es war im Dezember 2014, lief ich mit meiner kleinen Tochter spazieren und entdeckte im Gewerbegebiet ein Gebäude, in dem helle und schöne Räume vermietet wurden, von denen meine Frau und ich sehr angetan waren. Der Vermieter machte uns mit einem tollen Angebot die Entscheidung leicht, und nun sind wir bereits seit März im neuen „Kulturwerk Kraichgau".

Es kam alles ganz anders, als wir geplant hatten, aber – es war viel besser! Sogar ein kleiner Traum ging in Erfüllung: Ein Klavierspediteur überließ uns als Leihgabe kostenlos einen Flügel, der nun unseren großen Tanz- und Übungsraum aufwertet. Ein Ehepaar ließ uns eine großzügige Spende zukommen, mit der wir unsere Tanzspiegel kaufen und uns eine neue Homepage „bauen" lassen konnten.

Es war verrückt, wir zogen in neue Räume um und bauten einen Tanzboden, ohne überhaupt eine Tanzgruppe zu haben, geschweige denn so viele Schüler, dass wir die neuen Räume anfangs füllen konnten. Das hat Gott in den vergangenen Monaten getan. Von seiner Hilfe sind wir abhängig – und das ist gut so.

Nun wollen wir weitere Schritte in Richtung unserer Vision gehen, Workshops anbieten und hoffentlich auch neue Musicalprojekte initiieren. Immer eins nach dem anderen, Schritt für Schritt im Wissen: „Wenn Gott nicht das Haus baut, bauen wir umsonst daran ..."

Udo Zimmermann, Produzent, Komponist, Musikpädagoge, Schulleiter Kulturwerk Kraichgau, www.kulturwerk-kraichgau.de

Anders als du denkst:

geh!

Gott handelt oft anders, als wir denken – wenn wir ihn lassen.

- Wo sind Bereiche in deinem Leben, die er „behandeln" darf?
- Schreibe sie auf, rede mit Gott, lass andere mitbeten und notiere, wie Gott handelt.

mehr

- Dieser Psalm ist voller Kraft: Psalm 127

Da steckt doch der Teufel drin!

Wie oft dachte ich mir dies in den letzten Wochen und Monaten! Es schien, als hätte sich alles gegen mich und meine Elektrogeräte gewandt. Mit einem nicht funktionierenden Staubsauger fing es an. In einem Haushalt mit 3 Kindern und 2 Katern ist dies keine erfreuliche Angelegenheit. Aber es steht ja noch der alte Ausrangierte in der Ecke, der tut es zur Not ja auch noch. Als dann die Spülmaschine sich verabschiedete, war das Ganze schon ärgerlicher. Die 80 Euro für den Herrn des Kundendienstes mit der Aussage „Da kann man leider nichts mehr machen" waren für „die Katz", und so knurrte ich vor mich hin, als ich per Hand die Berge an Geschirr abarbeitete. Dachte an Tilly's Spülhände und pflegte meine Hände im Waschwasser.

Wenige Tage später bemerkte ich, dass unsere Wäsche feucht aus dem Trockner kam. „Das kann nicht wahr sein!", war mein erster Gedanke, „gleich springe ich gegen die Wand!" Keilriemen gerissen! Und am Morgen schrie mir mein Sohn aus dem Badezimmer zu: „Das Dachfenster geht nicht mehr zu!"

Das alles war noch nichts gegen den Supergau, der mich dann am Computer einholte. Leider hatte er sich nicht einfach nur „aufgehängt", nein, die einzige Festplatte darin musste tatsächlich kaputt sein. Ich wusste, wie die nächsten Wochen aussehen würden: Kontrolle, was habe ich tatsächlich mal mit Backup gesichert, was muss ich neu erstellen. An die privaten Fotos, die nun unwiderruflich gelöscht waren, versuchte ich mich gar nicht zu erinnern, da muss nun die Erinnerung als solches reichen.

Dann schickte mir Rainer einen Link zu einer bewegenden Predigt von Peter Wenz. Rainer wusste genau, was mir in der momentanen Situation half: Der Teufel ist wie ein brüllender Löwe um uns. Er versucht uns zu verwirren, zu ärgern, von Gott zu entfernen. Habe ich Gott gebeten, mir in den letzten Tagen bei all dem Durcheinander zu helfen? Ich habe ihm für alles gedankt, was mir Gutes widerfahren war, aber ihn nicht gebeten, mir aus dem Schlamassel zu helfen.

Nach und nach wurden die einzelnen Teile ersetzt. Von einer Freundin erhielten wir eine gebrauchte Spülmaschine, die bei ihr nur den Keller vollstellte. Die Front passte zwar nicht zur restlichen Küche, aber das werde ich mit etwas Farbe noch optimieren. Der Staubsauger kam aus der Reparatur zurück und seit letzter Woche können wir auch im Badezimmer wieder lüften.

Dass die Neuinstallation meines Grafikrechners die meiste Zeit beanspruchen würde, war mir klar. Doch wenn man von Computern genauso viel Ahnung hat wie von der Reparatur eines Autos, das man nur fahren aber nicht bauen kann, kann es sehr nervenaufreibend sein. So saß ich eines Nachts noch am Rechner und versuchte, sämtliche fehlenden Schriften zu laden. Irgendetwas weigerte sich, ich war am Heulen und hundemüde, alle waren im Bett und ich wusste, der Wecker würde früh klingeln. Völlig verzweifelt ließ ich die Maus los und sagte: „Nee, Teufel, das schaffst du jetzt nicht!" Ich faltete meine Hände: „Herr, jetzt bin ich an meiner Grenze für diesen Fall, ich weiß nicht, wie ich das alles in Ordnung bringen soll. Nichts klappt! Jetzt bist du dran. Bitte!!!" Die erste Reaktion stellte sich in wenigen Sekunden ein. Ich wurde ruhig, mein Herz hörte auf bis zum Hals zu schlagen. Ich konnte klarer denken und erkannte in kürzester Zeit meinen ersten Fehler: Ich hatte vergessen, einen weiteren Bildschirm zu aktivieren, auf dem sich im Verborgenen sämtliche Popup-Menüs geöffnet hatten! Mit Gottes Hilfe und Ruhe war ich meinem ersten Problem Herr geworden. Glücklich über diesen Erfolg wollte ich die Arbeit für diese Nacht beenden. Ich ließ den Rechner runterfahren. Aber Gott zeigte mir gleich die nächste Lösung! Während ich mir die Zähne putzte, schoss mir die Erklärung für ein weiteres Installationsproblem in den Kopf! Also rauf ins Büro, Rechner an, Kontrolle ... es klappte!

Ja, der Teufel ist wie ein brüllender Löwe – er bereitet großen Schrecken. Aber er ist nichts, aber auch gar nichts gegen unseren Gott, auf den wir nur vertrauen und ihm nachfolgen müssen.

Karin Hesse, Grafik-Designerin

Zum Anhören:

geh!

Der Teufel steckt im Detail! Die andauernden, nervigen Stolpersteine rauben uns Geduld und Gelassenheit.

- Was sind deine Stolpersteine?
- Zeige dem Teufel deutlich seine Grenzen auf. Gib ihm keine Chance!

mehr

- Hier steht mehr als nur der brüllende Löwe: 1. Petrus 5,6-11

Wie ich meinen Vater traf

Seit meiner Geburt kannte ich nur meine Mutter. Meine Kindheit war echt ein Traum. Ich war so gut wie jeden Tag draußen und spielte mit meinen Kumpels in den Straßen Rothenburgs. Alles was man kicken, werfen und fangen konnte, begeisterte mich tierisch. Zu dieser Zeit dachte ich nicht viel darüber nach, wer mein Vater war oder wo er denn wohl sein mochte. Ich kam, um ehrlich zu sein, verdammt gut ohne ihn klar.

Trotz der unglaublichen Liebe, die mir meine Mama täglich gab, geriet ich des Öfteren auf die falsche Bahn. Jetzt weiß ich, dass ich spätestens zu diesem Zeitpunkt einen Vater gebraucht hätte. Und so musste ich, wie auch mein bis heute noch bester Freund Robert, schließlich alleine zusehen, wie man ein Mann wird.

Eines Tages entschloss ich mich dann doch mal, meinem Vater ein Lebenszeichen zu senden. Ich war nun volljährig. Zu diesem Zeitpunkt hatte ich allerdings noch absolut keine Beziehung zu Gott. Ich schrieb meinem Vater also einen mehrseitigen Brief, in dem ich meinen ganzen Frust loswerden wollte. Während des Schreibens wurde ich allerdings immer wütender und schließlich kamen im Sekundentakt mehr und mehr Fragen auf – bis sich schlussendlich in mir sogar Hass entwickelte. Die Antwort auf dieses Schreiben war ein Dreizeiler. In ihm stand, dass ich ihn ja mal bei Facebook adden könnte usw.

Als ich das las, verstand ich die Welt nicht mehr. Nie wieder wollte ich etwas mit diesem Penner zu tun haben. In der Zwischenzeit entwickelte sich aber bei mir eine Beziehung zu Gott. Ich war 21 und absolut unerfahren in dieser für mich neuen Welt. Doch die Sehnsucht nach etwas oder jemandem blieb. Als eines Tages jemand auf einer christlichen Veranstaltung für mich betete, brach alles aus mir heraus. Ich weinte wie ein kleiner Junge und wollte nichts weiter als meinen Vater sehen.

Ich entschied mich schließlich dafür, nach Berlin zu fahren, um ihn kennenzulernen. Mein bester Freund begleitete mich. Als ich vor seiner Wohnungstür stand und total aufgeregt war, machte mir ein junger Mann die Tür auf. Es war mein bis dahin auch noch nie zuvor gesehener Halbbruder Ricardo. Zuerst dachte er, dass ich ihm etwas

antun wollte. Als ich ihm allerdings dann erklärte, dass er mein Bruder sei, konnte er es zunächst nicht glauben und meinte nur, ich solle ihn nicht verarschen. In meiner Verzweiflung und Hilflosigkeit probierte ich, mir eine Zigarette zu drehen – doch meine komplette Feinmotorik versagte und ich begann am ganzen Körper zu zittern. Mein Vater war zu diesem Zeitpunkt noch arbeiten. Doch einen Tag später sollte ich ihn in seiner Firma treffen. Er besitzt eine kleine Zwei-Mann-Sanitärfirma im Berliner Stadtbezirk Wedding. Ich schrieb noch die ganze Nacht mit Ricardo per Whats-App.

Als ich einen Tag später meinen Vater treffen sollte, betete Robert noch für mich. Anschließend war es soweit. Das erste Mal in meinem Leben würde ich meinen Vater treffen. Wir begrüßten uns mit einem freundlichem Lächeln und einem festen Händedruck und verstanden uns auf Anhieb. Ich war sehr aufgeregt und machte mir erstmal eine Kippe an. Noch bevor wir unser erstes Vater-Sohn-Bier zusammen tranken, bat ich ihn um Vergebung für den hasserfüllten Brief, den ich ihm damals schrieb.

Vor allem durch Michael Stahl, der selbst eine unfassbare Vatergeschichte erlebt hatte, hatte ich gelernt, wie wichtig es ist, seinem Nächsten zu vergeben. Anschließend redeten wir über alles, was grade halt so anstand: „Hast du ´ne Freundin?" „Was machst du gerne in deiner Freizeit?" Ich weiß, für viele mag das jetzt ziemlich oberflächlich klingen, aber das war es nicht. Es war der Anfang eines weiteren neuen Abschnittes in meinem Leben. Und er gehört zu mir wie ich zu Gottes Plan.

Julian Woik, Auszubildender

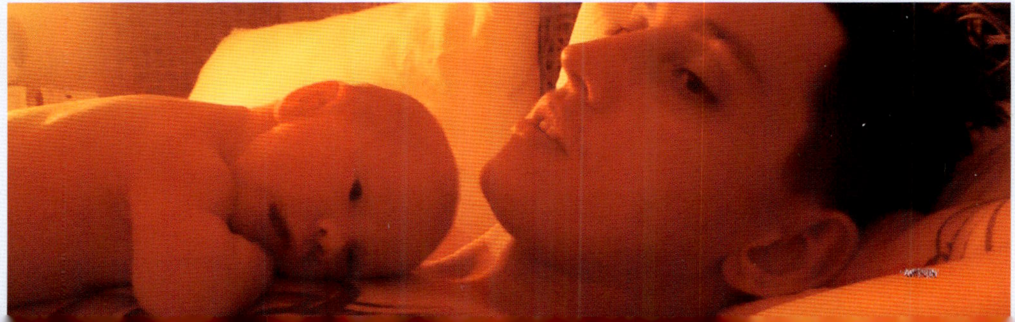

▶ Mach dich auf den Weg und triff dich mit deinen Vater, selbst wenn du ihn schon lange kennst. Lerne ihn besser kennen und sag ihm, was er dir bedeutet. Lass ihn in dein Herz blicken!

▶ Auch wenn es ein schwerer Weg ist, geh ihn mit Gott: Epheser 6,10

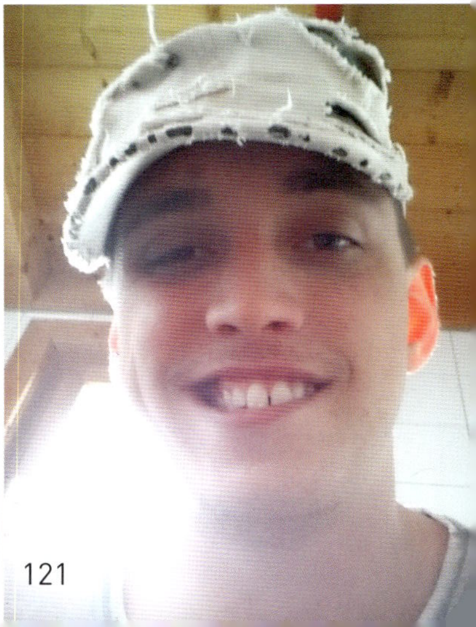

HIV-positiv ... geheilt!

2010 ließ ich, nachdem ich andauernd krank war, einen gründlichen Check-up an mir vornehmen, um dann drei Tage vor Weihnachten zu erfahren, dass ich HIV-positiv war. Da ich kein Schürzenjäger bin, wusste ich ziemlich genau, wie ich mich infiziert hatte. Ich hatte zwei Jahre zuvor in Hamburg auf dem Hansaplatz Wiederbelebungsmaßnahmen bei einer Drogenabhängigen durchgeführt, und da ich selber Wunden an den Händen hatte und mit dem Blut in Berührung kam, das ihr aus Nase und Mund lief, war es wohl passiert.

Nach diesem Bescheid stürzte ich ziemlich ab und klagte Gott an: Ich hatte helfen wollen, und das war der Lohn? Mir wurde schlagartig bewusst, dass ich niemals ein normales Leben haben würde, keine Frau, keine Kinder. Ich gab innerlich auf und versuchte all diese Wut und Verzweiflung mit Drogen zu betäuben. Mit Straßen- und U-Bahnmusik finanzierte ich meinen Drogenkonsum.

2013 erkannte ich dann, dass diese Betäubung auch nicht half und mein Leben irgendwie weitergehen musste. In Stralsund bei meiner Mutter kam ich langsam wieder aus dem Drogensumpf heraus. Im Laufe der Zeit konnte ich Gott um Vergebung bitten, auch wenn ich ihn nicht mehr so erlebte wie früher in Holland.

Ich hatte mit 13 Jahren mein Leben Jesus gegeben, aber das Wirken Gottes nie selber erlebt. Mit Zwanzig war ich zum Arbeiten nach Holland gegangen und machte dort zum ersten Mal eine persönliche Erfahrung mit Gott, eine Liebe, die ich vorher nie gekannt hatte. Nach einiger Zeit fragte mich der Geist Gottes, ob ich für ihn nach Deutschland gehen würde, um dort von seinem Wirken und seiner Liebe zu erzählen. Ich sagte nein, da ich Angst hatte, Gott dort nicht mehr zu erleben. Auf irgendwelchen Umwegen war ich dann aber doch wieder nach Deutschland gekommen, und zwar nach Hamburg, wo die HIV-Infizierung passierte.

Letztes Jahr Anfang Juni machte ich mich auf eine Tour durch Bayern. Ich hatte zwei bis drei christliche und ein paar von meinen eigenen Songs einstudiert, von denen ich meinte, sie würden auf die Straße passen. In Würzburg passierte dann

etwas, mit dem ich nicht gerechnet hatte. Ich hatte gerade mal eine halbe Stunde gespielt, noch nicht einmal christliche Songs, als ich von einer Frau zu einer 24-7-Gebetswoche eingeladen wurde. Da ich nichts Besseres zu tun hatte, ging ich am Abend dorthin, und das drehte mein Leben um 180 Grad.

Als ich abends dort ankam, ging ich direkt in den Gebetsraum. Dort war kein Mensch anwesend, aber Gottes Gegenwart war so stark, dass ich nicht stehen bleiben konnte, was mich total überraschte, denn das kannte ich in Deutschland nicht.

Während dieser ersten Nacht im Gebetsraum erlebte ich Gott zum ersten Mal seit zehn Jahren wieder persönlich. Ich erzählte ihm von meiner Angst, allein zu sterben, und von meiner Sehnsucht nach der Liebe einer Frau, wie sie die Bibel beschreibt, einer Hilfe, die mir angemessen ist. Ich genoss Gottes Nähe und Gegenwart so sehr, dass ich auch die folgenden Nächte immer wieder diesen Gebetsraum aufsuchte.

Im Laufe der Woche wurde mir klar, warum die Dinge in meinem Leben so gelaufen waren, und ich erlebte eine ganz neue Qualität in meiner Beziehung zu Gott. Ich hatte echte Gemeinschaft mit Christen, die ich nicht einmal kannte, mit denen ich mein Herz und meine Gedanken teilen konnte, ohne dafür ausgelacht oder verurteilt zu werden! Ich war Teil der Familie. Eine davon war Maria. Sie hatte Gott dort ebenfalls so mit echtem Herzen gesucht, dass sie mir aufgefallen war. Und auch wenn sie nicht der Typ war, den ich normalerweise attraktiv finde, sah ich doch, wie hübsch sie war, wie klug und redegewandt. Ich entwickelte wahre Gefühle für diese tolle Frau, obwohl ich das eigentlich nicht wollte. Ich war ja schließlich HIV-positiv, und welche Frau will schon mit so jemandem zusammen sein? Ich bat Gott, diese Gefühle aus meinem Herzen zu nehmen, was er allerdings nicht tat.

Dann sagte Gott mir, ich solle auf meiner Tour nach Nürnberg gehen. Sicher nicht zufällig war dort gerade die Awakening-Europe-Konferenz. Dort verabredete ich mich mit Maria. Wir verbrachten eine Menge Zeit miteinander und am Freitagabend nahm ich all meinen Mut zusammen und erzählte ihr von meinen Gefühlen für sie und dass ich sie gerne näher kennenlernen würde. Völlig überraschend für mich stimmte sie zu und wollte das auch.

Dann kam der letzte Abend der Konferenz. Als ich gerade in Anbetung war, hatte ich auf einmal das Gefühl, dass mich eine Feuerwalze von den Haarspitzen bis in die Fingerkuppen und durch meinen gesamten Körper bis in die Fußnägel durchrollte. Kurz danach nahm ich die Stimme des Heiligen Geistes wahr, der mir sagte: „Martin, ich habe dich gerade geheilt!“ Ich wusste sofort, was passiert war, und schrie in diesem Moment nur noch so laut ich konnte: „Daaanke Jesus!!!“

Als ich es am Donnerstag darauf der Ärztin erzählte, war sie drauf und dran, mich wegen religiösem Wahn einweisen zu lassen. Dann kam der große Tag, als ich mit einem negativen HIV-Test wieder aus der Arztpraxis ging. Halleluja! Halleluja! Halleluja! Halleluja! Gott ist so gut! Es gibt den einen lebendigen Gott! Der Gott, der seit Würzburg mein Leben komplett verändert hat! Er hat mir die Frau für mein Leben vorgestellt. Ja, ihr lest richtig, ich werde Maria im nächsten Sommer heiraten. Er hat mich geheilt und mir ein komplett neues Leben geschenkt.

Er ist der Weg, die Wahrheit und das Leben. Nichts ist zu groß für unseren Gott.

Martin Weiß, Straßenmusiker, Evangelist,
www.facebook.com/MartinWeiss2015

Ist Gott gut?

geh!

Gott ist der Weg, die Wahrheit und das Leben – nichts ist für unseren Gott zu groß.

- Welche Unmöglichkeiten gibt es in deinem Leben?

- Hast du deinen Frust und Ärger vor Gott ausgesprochen?
- Vielleicht hilft es dir, deine Not im Wald rauszuschreien!

mehr

- Auch hier verändert Jesus Leben und sagt, wem die Ehre gebührt: Lukas 17,11-19

Dein Gebet

Mein Gott und Vater,

danke, dass du mich liebst und gute Gedanken für mein Leben hast.
Es tut mir leid, dass ich mich nicht um dich gekümmert habe
und Dinge getan habe, die dir nicht gefallen. Bitte vergib mir.

Danke, Jesus, dass du für meine Schuld am Kreuz gestorben bist.
Heile, befreie und verändere mich so, wie du es schon immer geplant hast.
Jesus Christus, bitte übernimm du die Leitung in meinem Leben.

Ich will dir vertrauen.

Amen.

Das macht Mut:

▶ Bestätigung

☐ Ich habe dieses Gebet zu meinem gemacht und bin jetzt ein Kind Gottes:

Name

Datum

Ort

▶ Danke, Jesus.

Impressum

1. Auflage 2015

Xanten, Germany
www.gloryworld.de

Bibelverse meist frei zitiert.

Fotos: Die meisten sind von den Autoren privat | außer: S. 048 Ford Sven Storbeck/Wikipedia.com, S. 077 FC Schalke 04, S. 078 CVJM-Fotos: Simon Stephan, S. 111 Wisla SchiDD/Wikipedia.com, S. 112/113 Frank Heß | S. 124 Timothy Reinhardt | Rest: Rainer Zilly

Lektorat: Klaudia Wagner, Sandra Felten

Gestaltung/Satz/Illus: Rainer Zilly, www.kreativ-agentur-zilly.de

Printed in Turkey

ISBN: 978-3-95578-303-7

Bestellnummer: 356303

Bestelladresse: siehe unten